초기 기독교의 사회경제사상

마르틴 헹엘 지음
이영욱 옮김

초기 기독교의 사회경제사상

초판1쇄   2020.10.14.
지음   마르틴 헹엘
옮김   이영욱
편집   이영욱
교정교열   김덕원, 박이삭

펴낸곳   감은사
펴낸이   이영욱
전화   070-8614-2206
팩스   050-7091-2206
주소   서울시 강동구 암사동 아리수로 66
이메일   editor@gameun.co.kr

ISBN   9791190389150
정 가   14,000원

이 도서의 국립중앙도서관 출판예정도서목록(CIP)은 서지정보유통지원시스템
홈페이지(http://seoji.nl.go.kr)와 국가자료종합목록시스템(http://www.nl.go.
kr/kolisnet)에서 이용하실 수 있습니다. (CIP제어번호 : CIP2020039192).

Eigentum und Reichtum in der frühen Kirche: Aspekte einer frühchristlichen Sozialgeschichte

Martin Hengel

© 2005 Mohr Siebeck

Originally published in German as *Eigentum und Reichtum in der frühen Kirche: Aspekte einer frühchristlichen Sozialgeschichte*, Calwer: Stuttgart, Germany, 1973.

Current edition published as "Eigentum und Reichtum in der frühen Kirche: Aspekte einer frühchristlichen Sozialgeschichte," in *Studien zum Urchristentum, Kleine Schriften VI* 2008, 353-423 by Mohr Siebeck, Tübingen, Germany.

All rights reserved.

This Korean translation edition © 2020
by Gameun Publishers, Seoul, Republic of Korea.

This Korean edition is published by arrangement of Mohr Siebeck
through rMaeng2, Seoul, Republic of Korea.

본서의 이전판은 『초기교회의 사회경제사상』이라는 제목으로 대한기독교서회(1981)에서, 『초대 교회의 문제: 부와 재산』이라는 제목으로 지평서원(1993)에서 출간된 바 있습니다.

| 목차 |

* 옮긴이의 일러두기
(1) 본서의 서문은 원서의 각주 1번을 옮긴 것입니다.
(2) 성경 인용은 보통 한글개역개정판을 약간씩 수정하여 제시했습니다.
(3) 인명 한독병기는 색인을 참고하십시오. 개역성경의 인명/지명과 다르게 음역되는 경우 (일반괄호)에 개역성경의 인명/지명을 병기하기도 했습니다.
(4) 한독병기 시 곡용/활용된 형태 그대로 병기합니다.
(5) 본서에서 사용된 §는 이 책의 '장'을 가리킵니다.
(6) '공산주의'라는 용어는 어떤 배경에서 사용되느냐에 따라 함의하는 바가 조금씩 다르지만 본서에서 사용된 Kommunismus는 '공동으로 소유한다'는 뜻으로 '공산주의'로 옮깁니다. 이때 '공동으로 생산한다'는 의미는 (본서 문맥에 따라) 포함될 수도, 그렇지 않을 수도 있습니다.
(7) Urchristentum은 일반적인 번역어 '원시 기독교' 대신 '최초기 기독교'로 옮깁니다. '원시'에는 '시작'의 의미 이외에도, '열등한'의 뉘앙스로 '진보를 이루지 못한 상태'를 의미할 수도 있기 때문입니다.
(8) 저자 미상의 유대문헌(위경 및 미쉬나, 탈무드)의 제목/표제는 번역 내지 음역하였고, 저자가 명시된 그리스-로마 작품은 번역하지 않았습니다. 약어표를 참고해주십시오.
(9) 본서의 각주 및 참고문헌의 서지 정보 양식/서식은 원서를 그대로 따릅니다.
(10)각주, 참고문헌에서 사용된 독일어/라틴어 용어와 그 의미는 다음과 같습니다.
- und 그리고
- S. 쪽
- Z. 행
- v. -의
- f. 다음 쪽
- ff. 이하 쪽들
- Ders. 동저자
- besonders 특히
- hg. v. -의 편집
- vgl. 비교, 참조
- s. o. 위를 보라
- s. u. 아래를 보라
- u. ö. 또한 여러 차례
- zitiert -에서 인용
- siehe 보라
- proem 서문
- ebd. 같은 곳

시리즈/저널

AGSU	Arbeiten zur Geschichte des Spätjudentums und Urchristentums
ANF	The Ante-Nicene Fathers, ed. Alexander Roberts and James Donaldson, Edinburgh
BZNW	Beiheft zur Zeitschrift für neutestamentliche Wissenschaft
ET	English Translation
EvTh	Evangelische Tehologie
HAT	Handbuch zum Alten Testament
HNT	Handbuch zum Neuen Testament
LCL	Loeb Classical Library, London
NPNF	The Nicene and Post-Nicene Fathers of the Christian Church, ed. Philip Schaff and H. Wace, London and New York
PG	Migne, Patrologia Craeca, Paris
PL	Migne, Patrologia Latina, Paris
RAC	Reallexikon für Antike und Christentum
SUNT	Studien zur Umwelt des Neuen Testaments
TDNT	Theological Dictionary of the New Testament, ed. G. Kittel
ThWNT	Theologisches Wörterbuch zum Neuen Testament
TQ	Theologische Quartalschrift
TU	Texte und Untersuchungen
ZDMG	Zeitschrift der Deutschen Morgenländischen Gesellschaft
ZEE	Zeitschrift für evangelische Ethik
ZNW	Zeitschrift für die neutestamentliche Wissenschaft
ZPapEp	Zeitschrift für Papyrologie und Epigraphik
ZThK	Zeitschrift für Theologie und Kirche

그리스-라틴 고대 문헌들

14 Hom.	14 Homilie
Ad Scap.	Ad Scapulas
Ad ux.	Ad uxorem
Adv. Mare.	Adversus Marcionem

Ant.	Antiquitates judaicae
Apolog.	Apologetica
Bell.	Bellum judaicum
C. Cels.	Contra Celsum
De cult fem.	De cult feminarum
De idol.	De idolatria
De off.	De officiis
De pat.	De Patientia
De pat.	De patientia
Did.	Didache
Ep.	Epistulae
Eth. Nic.	Ethica Nicomachea
Fin.	De finibus
H. e.	Historia ecclesiastica
IgnRöm	Brief des Ignatius an die Römer
Leg. ad C.	Legatio ad Caium
Mand.	Mandates
Met.	Metamorphoses
Oct.	Octavius
Paed.	Paedagogus
Phil.	Orationes Philippicae
Pol.	Politica
Ref.	Refutationis omnium haeresium libri X
Sac. Ab. et C.	De sacrificiis Abelis et Caini
Sim.	Similtudes
Spr.	Spruch
Strom	Stromata

　　이 연구는 1972년 6월 투칭(Tutzing)에서 바이에른주의 법학
도들을 대상으로 한 "신약이 말하는 재산"이라는 강연으로부터
비롯했습니다. 이미 그때 저는 이 연구가 고대 교회로까지 확장
되어야 한다고 생각했습니다. 신약의 윤리적인 메시지 해설이
으레 그렇듯 말이지요. 이 강연은 아주 짧게 압축되었고, 이 요
약판은 Evangelischen Kommentare(1973)에 실리게 되었습니다.

　　오늘날의 신학적-윤리적인 논의에 있어 고대 교회의 초기
공동체 생활과 자기이해는 완전히 새롭게 고찰될 필요가 있으
며, 바로 이 작업은 본래 시대정신을 선도하는 과업을 수행해야
하지만 소수의 입장에 서서 어찌할 바를 모르는 기독교를 위해
전형적인 의미 전반—완전히 바뀐 세상에서도—을 제시할 수 있
을 것입니다. 기독교는 오직 이렇게 자신의 근원을 자각할 때에
비로소 권위를 얻을 수 있고, 사회적·정치적 문제들에 있어서도
확신에 찬 대답을 내어놓을 수 있습니다. 오늘날의 그리스도인
들은 '소수'로서 이중적인 위험에 노출되어 있습니다. 하나는
(하나의) 분파로서 '세상을 차단'하는 것이며, 다른 하나는 변화되
는 세계관과 정치적인 힘에 휩쓸려 새로운 '당원'으로 가담하여
기독교를 악용하는 것이지요. 이 두 위험의 가능성은 '정치적

바리새주의'로부터 자유롭지 않습니다. 이로부터 우리를 보호하는 것은 바로, 기독교 역사에 대한, 특히 자신의 기원에 대한 자기비판적인 성찰입니다. 오늘날 그렇게 유행하는 '기독교 사회윤리' 역시도, 이것이 '기독교'의 사회윤리이기 위해서는, 지금까지 그래왔던 것보다 더욱, 초기 기독교의 사회사에 비추어 다루어져야 합니다. 이는 물론 식탁에 올릴 준비가 된 프로그램을 그대로 답습하기 위함이 아니라, 개인의 믿음과 행동에 근본적인 자극을 주기 위함입니다. 이 소논문은 일반적인 이해를 돕는 서론 그 이상이 될 수는 없습니다. 따라서 후속적인 연구가 계속되기를 바랍니다. 관련 자료들을 개별적으로 다루는 데로 나아가도록 말이지요. 본서에 있는 각각의 장들은 기본적으로 각각 연구논문들로 다루어져야 하기에, 저 역시도 이 연구서의 한계를 매우 잘 인지하고 있습니다. 특히나 이 연구는 제 전문 영역을 넘어서는 분야를 포함하고 있기 때문입니다. 그렇지만 개괄적인 서론을 제시하려는 이 시도 자체는 제 자신에게도 자극과 교훈이 되었습니다.

자료들을 공급하고 이 원고를 검토해준 제 조교 클라우스, W. 뮐러(Klaus Müller)에게 감사의 마음을 전합니다.

1973년, 튀빙엔에서

제1장
교부들의 재산 비판과
고대 자연법, 이상세계

1.1. 4세기 교부들의 재산 비판

'사유재산의 위기'는 오늘날 흔히 회자되는 주제다. 그런데 이 '위기'는 인류 자체만큼이나 오래된 것 같다. 어떤 사람들은 이 위기가 인간의 '본질'과 결부된 것이며 인간은 언제나 '그 위기' 안에 존재한다고까지 이야기한다. 위-클레멘스의 것으로 불리는 초기 기독교의 한 작품(Hom. 3,25)에서는 최초의 형제 살해자 가인의 이름을 두 가지 히브리어에서 파생한 것으로 본다. 즉, 가인을 ("카나"[qānāh: '얻다']라는 단어로부터) "소유"와 ("카나"[qānā: '질투하다']라는 단어로부터) "질투"로 정의하고, 이로 인해 가인이 "살인자"이자 "거짓말쟁이"가 되었다고 설명하면서, 간명하면서도 급진적인 결론에 이른다. "모든 인간에게 있어서 소유물은 죄다"(πᾶσι τὰ κτήματα ἁμαρτήματα, 15,9).

재산과 가인 사이의 연관성 이면에는, 우리가 종교철학자 필론과 역사가 요세푸스에게서 발견할 수 있는 고대의 유대적-헬레니즘적 전통이 자리하고 있는 것으로 보인다. 요세푸스는 가인이 간계를 통해 "오직 재산 축적에만 뜻을 두었으며 처음으로 땅에 쟁기질을 한 사람이었다"는 것을 강조한다. 즉, 처음으로 토지를 소유하고서 자연에 폭력을 행사했다는 것이다.[1] 이와 같이 고대 교회 교부들의 사회적인 경고에는 사유재산을 인간 불화의 근원으로 보는 사상이 시종일관 나타난다. 개인의 재산 축적을 위한 투쟁은 모든 사람이 하나님으로부터 동등한 몫을 부여받았다는 본래의 선한 질서를 파괴한다. 예컨대, 고대 기독교의 위대한 설교자 **요한 크리소스토무스**(354-407)는 이를 특별히 감동적인 방식으로 선언했다.

> 우리는 하나님의 살림(Haushalt)을 바라보아야 합니다! 하나님은 모종의 것들을 공유재산으로 만드셨습니다. 그것으로 그분은 인류를 부끄럽게 만드실 것입니다. 예를 들어, 공기와 태양, 물과 땅, … 모든 것들을 형제들에게 똑같이 배분해주신 것이지요. … 이러한 공유재산에는 불화가 없으며 모든 것에 평화가 깃든다는 것을 기억할 필요가 있습니다. 하지만 무언가를

---

1.   Josephus, Ant. 1,52; 참조, Philo, Sac. Ab. et C. 1,2.

얻어내려고 하고, 그것을 사유화하려고 할 때 싸움이 발생하기 마련입니다. 하나님이 모든 수단들을 동원하여 평화롭게 우리를 하나로 모으려 할 때, 우리는 '나의 것과 너의 것'이라는 냉랭한 단어를 사용하고 자신의 재산을 선점하면서 분열을 조장하는데, 자연은 이것에 대해 반대합니다. 여기에서부터 싸움이 시작되고, 여기에서부터 비열한 행동이 시작되는 것입니다. 하지만 저 단어가 없는 곳에는 어떠한 싸움이나 분쟁도 발생하지 않습니다. 그러니까 공유재산은 사유재산보다도 우리의 삶의 양식에 훨씬 더 적절한 형태며, 우리의 본성에 걸맞는 형태인 것이지요.[2]

더 이전에 살았던 수사 바실리우스(329-379)의 비판은 크리소스토모스의 것보다 격렬했다. 바실리우스는 소아시아의 부유한 지주 가문 출신이었는데, 공부를 마친 후 이집트-시리아 수도사들의 급진적인 금욕주의에 영향을 받아(본서 §7.3), 자신의 모든 재산을 가난한 자들에게 나누어주었다. 또한 누가복음 12:18에 나타난 부자 농부에 관한 자신의 유명한 설교에서, 곤궁한 자를 도울 수 있으면서도 자신의 재산으로 갖고 있기 원하는 사람들

---

2.   12. Homilie in 1. Tim. 4 = PG 62,563f.; K. FARNER, Der frühchristliche Kommunismus, in: DERS., Theologie des Kommunismus, Frankfurt 1969, 59의 번역을 따랐다.

을 가리켜 강도이며 도둑이라고 칭하면서, 동시에 "내가 나의
재산을 간직하는 것이 부당하다는 말이냐?"라며 냉정하게 항변
하는 자들에게 분명하게 대답했다.

> 말해보라. 대관절 너의 것이 무엇이란 말인가? 그것을 너는 어
> 디에서부터 얻은 것이며, 어디에서부터 이 세상에 가지고 오
> 게 된 것이냐? 네가 가진 생각은 바로, 극장에서 자리 하나를
> 차지하고 뒤에 오는 모든 사람들을 쫓아내는 것과 다름이 없
> 다. 저러한 사고를 가진 사람들은 모든 사람을 위한 것을 오로
> 지 자기만의 것으로 여긴다. 부자들이 그렇게 한다는 말이다.
> 이들은 공동의 것을 미리 차지하고 탈취하여 자신의 소유로
> 삼는다. 각각의 사람들이 단지 자신들이 필요한 만큼만 가지
> 고 그 나머지는 필요로 하는 사람들을 채워주기 위하여 남겨
> 둔다면, 부자가 어디에 있겠으며 가난한 자들은 어디에 있겠
> 느냐?[3]

이는 카파도키아의 대-바실리우스가 스토아학파의 대표자
크리시푸스(주전 약 280-207년)에 의해 이미 사용되었던 묘사를 적
대적인 방식으로 바꾸어놓은 것이다. 즉, 크리시푸스는 극장에

---

3.   PG 276f.; 번역, G. UHLHORN, Die christliche Liebesthätigkeit, Bd. I:
     In der alten Kirche, Stuttgart 1882, 289.

먼저 도착한 자가 좌석을 차지한 것을 가지고 본래 "사유재산
에 대한 권리"를 옹호하려고 했었다. 왜냐하면 사유재산권이
"다른 모든 사람들이 공유하고 있는 세계(영역)를 침범하는 것이
아니기" 때문이었다.[4] 바실리우스는 이와 정반대의 입장을 취했
다. 그는 카파도키아 가이사랴의 감독으로서 빈곤한 자와 노인,
환자들을 위한 큰 복지시설 및 가난한 순례자를 위한 숙박시설
을 도시의 성문 앞에 지음으로써 사회에 대한 자신의 주장을 행
동으로 실현하려고 노력했다. 이와 같은 수용시설은 바실리우
스 본인이 관할하는 다른 도시들에도 생겨났다.

바실리우스의 당시 친구였던 **나지안주스의 그레고리우스**는
어느 정도 구원론에 입각하여 부와 재산을 비판했다. 그레고리
우스에 따르면, 가난이나 과하게 가진 것, 그리고 노예와 다를
바 없으면서도 자유라고 불리는 상태는 타락의 결과다. "처음에
는 그렇지 않았다." 하나님은 본래 인간을 "자유롭고 독자적인"
주체로 창조하셨다. 인간은 에덴동산의 재화들을 자유롭게 사
용할 수 있었기에 부유했다. 뱀의 "질투심과 투쟁심"이 본래의
조화를 파괴시켰고, "탐욕을 통해 강제적인 법이 도입되면서 자
연의 고귀함은 파괴되었다." 이러한 사상에서는 잃어버린 상태
를 수복하기 위해 정의롭고 자비로운 행위가 하나의 실제적인

---

4.   Cicero, Fin. 3,67 = SVF 111, 90.

단계로서 기능한다.[5] 타락의 결과로 사유재산이 발생하게 되었
다는 이러한 테제(These)는 교회사에 큰 영향을 미쳤다. 우리는
이것을 후대의 프란치스코 신학자들 및 더 나아가 츠빙글리와
멜란히톤에게서 확인할 수 있다. 이러한 이유로 재산에 대한 후
대의 평가절하, 말하자면 사유재산이 본래의 평등상태에 반하
는 것으로서 (타락으로 인해) 도입된 개념일 뿐이라는 테제는 "아담
의 타락"을 반추하는 데로 되돌아간다.

1.2. 고대의 자연법과 이상세계

물론, 고대 교회에서 발견되는 이와 같은 '재산 이론'은 신
약성경만의 고유한 특징은 아니다. 사유재산과 부와 가난이 '타
락'의 결과라는 나지안주스의 그레고리우스의 테제는 자연법
위에서 철학적으로 그 토대가 형성된 것일 수 있다. 그러한 테
제는 밀라노의 감독 암브로시우스(339-397)에게도 나타나는데,
이때 키케로를 비판적으로 서술하면서(De off. 1,20ff.) 스토아학파
의 가르침과는 조화를 이루는 것을 볼 수 있다.

자연은 모든 사람들이 모든 것을 공동으로 사용할 수 있도록

---

5.   14. Hom., c. 25 (PG 35, 892); 참조, O. SCHILLING, Reichtum und
      Eigentum in der altkirchlichen Literatur, Diss. Tübingen/Freiburg 1908,
      101ff.

[저 자신을] 내어준다. 곧, 하나님은 [자연에게] 모든 것을 내라고 명령하셨는데, 이는 음식이 모든 사람들 공동의 것이 되고, 땅이 공동의 소유가 되도록 하기 위함이었다. 자연은 공동체의 권리를 산출했지만, 처음의 불법적 찬탈을 통하여 사적인 권리를 (그리고 그것을 통한 사유재산을) 창출해냈다.[6]

인류의 유아기며 원시시대로 불리는 '황금기'에는 모든 것—심지어 아내까지도—이 공동 소유였고 또한 사유재산의 도입으로 인류의 도덕이 붕괴되기 시작했다는 식의 근본적인 사상이 **고대의 '역사철학' 사상을 상당 부분 지배했으며** 이상국가상에 영향을 주었다. 여기에서 고대의 자연법과 역사철학 및 기독교의 기본 가르침이 서로 결합되었다. 이미 아리스토파네스는 한 지혜로운 여성 선동가에 관한 희극에서 이러한 식의 이상향을 제시했다. 여기서는 이상세계가 미래에 다시금 도래하게 될 것으로 기대되고 있다.

> 장래에 모든 것들은 공동의 것이 될 것이며,
> 모든 것들은 모든 사람에게 속하게 될 것이다.
> 장차 사람들은 다른 모든 사람들과 같이 먹게 될 것이며,

---

6.   De off. 1,28 (PL 16,67).

부자도 가난한 자도 없을 것이고,

넓은 토지를 소유한 사람도

무덤으로 쓸 저 작은 땅이 없는 사람도 없을 것이다.

어떤 사람은 많은 노예들을 거느리고,

다른 어떤 사람은 한 명의 종을 거느리는 일도 없을 것이다.

아니다. 모든 사람들과 각각의 사람들에게 있어서,

모든 면에 있어서 생명은 동일하게 공동의 것이어야 하리라.[7]

이 요구—오늘날에도 우리에게 불편하지 않게 들리는—이면 에는, 고대인들의 사상 속에서 놀라운 역할을 구가했던 '자연으로의 회귀'라는 낭만주의적인 회복이 놓여있다. 최초의 인간들이 어떠한 외적인 법 없이, 완전한 도덕적 무결의 상태에서 오로지 '자연'에만 충실하여 살았다는 것은 공동정신(*Sensus communis*)이었다.

최초의 황금시대가 있었다. 응징하는 사람도 없고,

법도 없이, 사람들은 스스로 신의와 예의를 존속해나갔다.

형벌의 두려움은 소원한 것이었고,

벽이나 놋쇠 판에 붙은 위협의 문구도 없었다.

---

7. Ekklesiazusai 590-594; 번역, L. SEEGER/H.-J. NEWIGER.

재판관의 군대를 두려워하는 탄원자들도 없었다.

사람들은 응징하는 자 없이도 안전했다.[8]

　이 '이상적인 상태'가 가능했던 것은, 매혹적인 공학기술이 알려지지 않은 것처럼 '사유재산'이라는 개념이 알려져 있지 않았기 때문이었다. 사람들은 이 땅이 풍부하고도 자연스럽게 제공하는 도토리나 뿌리채소, 야생과일로 인해 별다른 필요 없이 살 수 있었다.

　　경계선이나 표식을 이용해 땅을 나누는 것은

　　옳은 행동이 아니었다.

　　들에 있는 모든 것들은 공동의 것이었고,

　　어느 누구도 (땅에게) 명령한 일이 없었기에,

　　땅 자체는 풍성한 모든 것들을 인간들에게 내어주었다.[9]

　'인간에 의한 인간 지배'도, 그리고 이에 따른 노예제도의 형태도 없었던 것은 자명하다. 기술적인 도구들이 도입되었을 때, 곧 철기로 땅을 경작하여 손상시키고, 항해를 통한 다양한 형태의 상업 활동이 나타나면서 이러한 이상적인 상태는 파괴

8.　Ovid, Met. 1,89ff.; 번역, H. BREITENBACH.

9.　Vergil, Georgica 1,126ff.; 번역, R. SEELISCH.

되었다. 인간은 폭력을 휘둘렀고 자연은 인간을 거부하기 시작
했다. 탐욕과 시기, 폭정, 전쟁이 더불어 살던 인간을 위협하기
시작했다.

하지만 사람들은 오래전에 잃어버린 낙원과 같은 원시시대
의 이상향을 소수의 **야만 민족들**에게서 다시 발견하리라 믿기도
했다. 그 예로 어떤 면에서 거의 짐승과 같은 삶의 방식을 가졌
던 스키타이인들은 특히 야생적인 민족임에도 타인들에게는 가
장 높은 도덕적 완전성을 보였던 것으로 간주된다.

> 그들은 삶의 방식에 있어서 자족할 줄 알았고 탐욕이 없었다.
> 서로서로에 대해 정갈한 질서가 있었다. 이는 그들이 모든 것
> 들, 아내와 자녀, 친족 및 다른 모든 것들을 공유했기 때문이다
> (κοινὰ πάντα ἔχοντες, 참조, 행 2:44; 본서 §1.3과 §4를 보라). 외세에 관
> 해서는 침략될 수도 정복될 수도 없었다. 왜냐하면 그들을 지
> 배하기에는 그들이 가진 것이 아무것도 없었기 때문이다.[10]

이상세계에 관한 또 다른 묘사는 유토피아적 소설에 나타나
는, 먼 곳에 떨어진 불가사의한 섬나라에서 발견할 수 있다. 인
도양의 '팡카이아'(Panchaia)를 언급하고 있는 그 유명한 에우에

---

10.   Strabo 7,3,9 = C 308f.

메로스의 소설에서, 섬 전체는 공동의 소유였고, 모든 농작물을 (나라에) 공납해야 하는 엄격한 의무가 있었는데, 이때 특별히 열심을 자극할 만한 것도 있었다. 공납품은 "각 사람들에게 각자의 필요에 따라" 공정하게 배분되었다. 또한 "집과 정원" 외에는 사유재산이라는 것이 없었고, 지혜로운 사제들이라 불리는 "지적인 지휘관들"이 공정한 법과 분배를 관장했다. 플라톤의 철인국가 유비도 여기에 들어맞는다.[11]

물론 그리스인들과 로마인들에게 있어서 고대 황금기와 같은, 미래에 도래할 이상세계 개념이 거의 나타나지 않는 것은 주목할 만한데, 아리스토파네스의 『여인들의 회합』(Ekklesiazusai)에 나타난 선동 연설은 예외가 된다. 또한 베르길리우스도 동방-유대적인 시빌라의 예언, 곧 묵시문학의 영향을 받은, 널리 회자되는 자신의 전원시(Ekloge) 제4권에서 도래할 미래의 구원을 선언한 바 있다.

> … 그 땅은 어디에서나 모든 것들을 내어줄 것이다.
> 쟁기가 땅을, 낫이 포도덩굴을
> 더 이상 상하게 하지 않을 것이며,
> 소들이 농부의 강한 멍에로부터 놓일 것이다.[12]

---

11.   Diodorus Siculus 5,45,3-5.
12.   Z. 39ff.; 번역, H. LIETZMANN.

땅이 다시 기술에 의해 억압되지 않은 채, 자신의 선물을 풍성하게 제공한다면, 어떠한 사유재산도 더 이상 필요하지 않을 것이다. 위대한 평화의 시대가 깨치고 나오게 될 것이다.

이러한 식의 이상은 실제적인 소망보다도 낭만적인 그리움을 불러일으켰고, 동시에 철학자들의 도덕적인 설교에도 영감을 불러일으켰다. 이 이상에 대하여 로마의 스토아 철학자이자 네로의 교사였던 세네카가 후대의 교부 나지안주스의 그레고리우스와 매우 비슷하게 표현했다(본서 §1.1).

[철학은] 우리에게 신적인 것들을 경배하고 인간들을 사랑하라고 가르치며, 또한 주권은 신들에게 속한 것이며, 인간들 사이는 공공성이 지배해야 한다고 가르친다. **탐욕이 공동체의 결속을 찢고 저들에게 궁핍의 원인이 되기 전에**, 이 가르침은 오랫동안 손상되지 않은 채 유지되어 왔다. 그 사람들이 사유재산을 갈망했을 바로 그때, 저들은 모든 것(공공성)을 소유하기를 그쳤다. **최초의 사람들과 그 후손들은 아직 손상되지 않았던 자연에 반발했다.** …

그 탐욕이 충만한 삶의 상태를 깨뜨렸고, 탐욕으로 인해 모든 것들이 소원해졌다. 특히, 재산을 자신들만의 소유로 삼았다. 헤아릴 수 없이 넘쳤던 것에서부터 좁다란 궁핍으로 들어

가게 되었다. 탐욕이 모든 것을 갈망하면서, 모든 것을 잃게 되었고 빈곤을 야기했다.[13]

말하자면, 원시시대가 투영되었던 이상세계, 결국 사유재산 점유가 없었던 낙원과 같은 원시상태에 대한 가르침과 그 이후의 타락에 관한 가르침은 결코 기독교 고유의 가르침이 아니라, 고대에 널리 퍼져있었던 신화적인 역사에 대한 사유였다.

도덕적으로 높은 수준의 '원시-공산주의'에 관한 고대 이론들과 노동 분배와 사유재산을 통해 야기된 소위 '원시의 파멸' 및 현대에 널리 퍼진 마르크스주의적 '역사신화들' 사이의 연관성은 분명하다. "소유는 도둑질이다"라는 프루동의 테제와 마찬가지로 루소가 제시한 "자연으로의 회귀" 역시 독창적인 사상이 아니라 고대 자료에 기반을 두고 있는 것이었다.

남태평양 군도와 브라질 원시림에 사는 소수의 원주민들이 경제적·성적으로 타락하지 않았다는 것이나 저들이 원시-공산주의 사상을 가지고 "사냥꾼과 채집가"의 이상적인 사회 모습을 보였다는[14] 오늘날 매우 각광받고 있는 견해도 미개인들의 정의로운 법에 관해 널리 알려진 고대 신화(처음에는 자연, 곧 도덕적

---

13. Ep. 90,3f. 38; 세네카는 당대에 가장 부자였다!
14. 참조, 예를 들면, F. ENGELS, Der Ursprung der Familie, des Privat-eigentums und des Staats, Stuttgart ⁴1891.

으로 완전한 상태가 지배했다는 것)와 일치한다. 이란과 바벨론, 인도 및 중국의 신화에서까지 발견되는, 이 일반적인 고대의 원시상태에 관한 가르침 뒤에는[15] 온전한 세계였던 '좋았던 옛 시절'에 대한 그리움—종교적인 이유에 있어서—이 놓여있다. 물론 그 시기를 역사적으로 증명할 수는 없다. 이는 특히 '이성적인 것'이라기보다는, 극락이나 (그리스 신화에 나타나는) 낙원의 영원한 삶에 대한 소망에서 기인한 것이다.

하지만 이러한 원시상태를 보여주는 신화는 정치에 거의 반영되지 않았다. 현재·미래의 이상세계 모습에 대한 갈망이 가장 이른 시기에 나타나는 것은 페르가메네(Pergamene) 왕국에 대한 아리스토니코스의 반란(주전 133-130년)—여기서 유대-동방적 묵시문학과의 관계를[16] 추측할 수도 있다—에서다. 아리스토니코스는 왕국을 로마에 넘겨준 후, "급히 가난한 자들과 노예 무리들을 모으고 자유의 가치를 일깨워주며 저들을 '태양국가'라고 불렀다." 추정컨대, 아리스토니코스가 "태양국가"라고 명명했던 것은 어떤 이상적인 '프롤레타리아 국가'를 추구했기 때문이었을 것이다.[17] 여러 면에서 유대 묵시문학과 유사한 주전 2세기

---

15. B. GATZ, Weltalter, goldene Zeit und sinnverwandte Vorstellungen. Hildesheim 1967, 208ff.를 보라.

16. 본서 §2.2를 보라.

17. Strabo 14,1,38; J. VOGT, Sklaverei und Humanität, Wiesbaden [2]1972, 31ff. 41ff.

이집트의 '토기장이 신탁'에도 그리스인들의 이집트로부터의
추방 및 알렉산드리아의 멸망과 더불어 노예들의 해방이 예언
되어 있다. 곧, 모든 것들이 전환된 후 "저들의 주인에게 생명을
간구하게 될 것"이다.[18] 고대 사회 개혁가들의 노력은 노예 해방
과 (과실에 대한) 면책, 경작지의 재분배에 대한 요구를 거의 넘어
서지 못했다. 가장 강력한 자극은 유대의 유산으로부터 나왔
다.[19] 이에 반해, 철학적인 이상세계는 정치적인 현실에 상대적
으로 적은 영향을 미쳤다. 인기 있었던 철학적-유토피아적 국가
에 관한 소설들은 어떠한 현실적인 효과도 만들어내지 못했다.
그렇다고 예외적인 경우가 없었던 것은 아니다. 예컨대, 스토아
철학자 스파이로스는 스파르타의 왕 아기스의 급진적인 사회개
혁을 도왔다.[20] 또한 페르가뭄(버가모)에 있는 아리스토니코스에
게로 도피했던, 로마에 적대적인 철학자 블로시우스의 경우도
있다. 주전 3-1세기 헬레니즘 시대에 있었던 노예 해방운동 역
시도 보통은 그러한 '이데올로기적' 근거를 가지고 있지는 않았
다.

18.　L. KOENEN, Die Prophezeiungen des Töpfers, ZPE 2 (1968), 178-209
　　　(205, Z. 44.).

19.　본서 §2.2를 보라.

20.　W. W. TARN, in: The Cambridge Ancient History, Bd. VII, Cambridge
　　　1928, 741ff.

1.3. 최초기 기독교에 미친 그리스의 영향?

최초기 기독교와 신약성경—"기독교의 기본적인 가르침을
담은 문서"(M. Kähler)로서 그리고 기본적으로 기독교 역사의 가
장 초기 자료로서—은 위에서 언급된 모든 이상세계 관련 이론
들에 의해 단지 주변적인 영향을 받았을 뿐이다. 최초기 기독교
의 풍조와 고대의 일반적인 이상 사이의 결합은 신약 저자—누
가와 같은—가 작가로서 그리스 수사학을 배우고 그 전통에 따
라 최초기 기독교의 현상을 재현한 곳에서 나타난다. 누가는 예
루살렘에 있었던, 이른바 초대교회의 공동소유에 대해 묘사하
고 있는 것처럼 보인다.

> 믿는 사람이 다 함께 있어 모든 물건을 서로 통용하고. (행 2:44).

> 믿는 무리가 한마음과 한 뜻이 되어 "모든 물건을 서로 통
> 용"(πάντα κοινά)하고 제 재물을 조금이라도 제 것이라 하는 이
> 가 하나도 없더라. (행 4:32 개역).

여기서 우리는 '원시상태'가 완전히 복구된 것으로 생각할
만한 그림—이 묘사에는 스키타이인들의 공동재화(본서 §1.2), 플

라톤의 국가 이론,[21] 혹은 남부 이탈리아 피타고라스 학파의 "원시 공동체"와[22] 유사한 표현까지 포함된—을 보게 된다. 그 자체로 이미 기독교적이었지만, 대중철학적-피타고라스적 소재들로부터 기인한 『섹스투스의 격언집』(Sprüche des Sextus; 본서 §8.1)은 이러한 이상이 기독교인들뿐 아니라 이교도들에게도 받아들여질 수 있는 신학적인 토대를 제공한다.

> 하나님을 아버지로서 공동으로 소유하면서도 자신들의 소유를 공유하지 않는 것은 불경건한 것이다.[23]

누가의 기록은 쿰란문서의 발견을 통해 특히 더 잘 이해할 수 있게 되었다. 무엇보다도 쿰란의 중심부를 차지하고 있었던 팔레스타인 엣세네파의 '공동재화'에 관한 언급에서 누가의 것과 더욱 근접한 서술을 발견할 수 있다. 하지만 여기에서 우리는 종말론적 인상을 주는 '공산사회 집단'—팔레스타인 외부에 형성된 그리스-로마 세계에도 상당한 영향을 미친—이 구약의 사상뿐 아니라 적어도 동일하게 헬레니즘 시대정신의 이상에

---

21. Pol. 462 u. ö.

22. E. PLÜMACHER, Lukas als hellenistischer Schriftsteller (SUNT 9), Göttingen 1972, 17f.

23. H. CHADWICK, The Sentences of Sextus, Cambridge 1959, Nr. 228.

의해 형성된 것은 아닌가 하는 질문을 던져야 한다. 엣세네파 사람들은 공동재화의 이상을 통해 이 땅 위에서 완전한—'천사들과 진배없는 것' 혹은 '천상의 것'이라고 말할 만한—공동체 모습을 실현하고자 했다. 저들은 하나님의 천사들과 지속적으로 교통하고 있다는 자각을 가지고 살았고, 저들의 목적은 타락 이전에 최초 인간 아담이 가졌던 본래의 지위와 주권을 회복하는 데에 있었다(1QS 4,23; 1QH 17,15). 이 자기-과장의 이면에, 저들은 남은 온 인류, 곧 유대 동족들과 특히 이방인들을 "멸망의 무리들"(*massa perditionis*)이자 멸망당할 어둠의 자식들—"마지막 전투"에서 완전히 멸망당할 때까지 영원히 미움받을—로 간주했다(1QS 1,10; 9,21).

자산과 부에 대한 신약과 그리스-로마의 비판 사이의 강한 접촉점은 **대중적인 격언에 담긴 교훈**의 영역에 있었다. 이 접촉점은 "자족"(αὐτάρκεια)에 대한 후대 디모데전서 6:10의 경건한 요구에 나타나는데, 이는 "견유학-스토아 철학자들이 좋아하는 덕목"이었다.[24] 말하자면, "탐욕이 모든 악의 뿌리다"라는 널리 알려진 금언은 후대 기독교 전통에 영향을 미쳤다.[25] 이 경구는

---

24. M. DIBELIUS, Die Pastoralbriefe (HNT 13), Tübingen [4]1966, 64; 참조, 본서 §8.1.

25. Polykarp, Phil. 4,1; Tertullian, De pat. 7,5; Clemens Alexandrinus, Paed. 2,39,3, 참조, 2,38,5.

대중철학적 가르침의 주요 주제를 표현하고 있는 것으로, 고대
자료들에 항상 새롭게 변형되어 인용된다. 가장 유명한 판은 현
인 데모크리토스와 문화와 소유를 경멸했던 디오게네스에게서
똑같은 방식으로 나타난다. "탐욕은 모든 악의 고향이다."[26] 그
런데 이 금언은 유대-헬레니즘 문학에도 빠지지 않는다.[27] 여기
에서 우리는 탐욕과 부에 대한 대중철학적인 비판이 윤리적 권
면 영역에서 어떻게 유대적-기독교적 '사회비판'과 연관될 수
있는지 좋은 예를 볼 수 있다.

마지막으로, 예수의 선포를 지향하고 있는 하나의 예를 들
고자 한다. 아티카풍 희극작가 메난드로스(주전 342/341 출생)의
『인간혐오』(Dyskolos)라는 작품에서, 젊은 소스트라토스는 자신
의 아버지에게 거친 도덕적 가르침을 내뱉는다. 이는 부유한 가
문의 아버지가 가난한 집안과의 결혼을 반대하여 격분했기 때
문이다.

> "이해하기 어렵구나! 나는 결코 한푼도 없는 두 아이의 시아버
> 지가 되지 않을 거다. 내게는 하나로 이미 충분하다."

---

26. C. SPICQ, Saint Paul. Les Épitres Pastorales, TI. I, Paris [4]1969, 564와
    W. BAUER, Griechisch-Deutsches Wörterbuch zum Neuen Testament,
    Berlin [5]1968, 1698을 보라.
27. 포킬리데스 위서 41; 시빌라의 신탁 3,235f. 641f.; 8,17f. 및 Philo에게
    서 상당수 나타난다.

아들이 대답했다.

"아버지에게는 이것이 돈에 관한 것이군요.

─믿을 수 없는 거 말예요.

아버지의 재물이 영속되는 거라고 이미 생각하고 있다면,

아무것도 주지 마세요!

하지만 재물이 눈먼 티케(행운의 여신)로부터 온다는 것을 안다면,

왜 그렇게 시기하시나요?

그녀가 아버지에게서 모든 것을 취하여

돈을 벌지 못하는 누군가에게 줘버릴 수도 있어요.

그러니까 아버지, 그걸 아직 가지고 있을 때에,

아량을 베풀고, 사람들을 돕는 것이 좋다고 저는 생각해요.

가능한 한 많은 사람들에게 복을 베풀어야 한다고요.

그러면 결코 잃지 않을 거예요.

그러면 언제 위기 상황이 닥쳤을 때에,

사람들이 아버지에게 돌려줄 거예요.

파묻어놓은 보물은 공허한 돈과 같은데,

이것보다 살아있는 친구 하나가 훨씬 낫다는 거예요."

이 부분을 번역한 H. 홈멜은 여기에서 공관복음에 나타나는

예수의 설교와의 어떤 평행점에 주목했다.[28] 인간은 불확실하
고, 위험하며, 지나가버릴 소유를, 미래에 닥칠 위기의 상황에
선한 행위로 보답해줄 여전히 지속될 좋은 친구로 대신해야 한
다는 주제는, 한 예로 재산에 대한 누가복음의 가르침(16:9)에 나
타난다. 이는 불의한 청지기에 대한 어려운 비유의 형태로 나타
난다. "내가 너희들에게 말한다. 불의한 재물(Mammon)로 친구를
사귀라. 그리하면 그 재물이 다할 때, 그들이 너희를 영원한 거
처에 받아들일 것이다." 산상설교(마 6:20 = 눅 12:33)에도 이러한 가
르침이 나타난다. "너희의 보물들을 하늘에 모아라. 거기는 좀
이 먹거나 녹이 슬어 사라지지도 않고, 도둑이 파헤치지도 못한
다." 이 구절은 위의 인용문에서 발견할 수 있는 "사라질 재물"
이라는 유명한 주제와 평행이 된다. 다른 한편으로 우리가 간과
해서는 안 되는 것은 마지막 때와 관련한 복음서의 증언이 그리
스 격언의 단순한 경험적 지혜와는 근본적으로 다르다는 것이
다. 또한 모든 언어의 형태, 예를 들어 "불의한 재물(Mammon: 본래
아람어에서 기원—역주)"이라는 단어는 분명 유대-팔레스타인 기원
을 보여준다. 그렇지만 다소간에 우연적인 이 예는 재물에 대한

---

28. H. HOMMEL, Menanders "Dykolos"—Schmuck und Flicken am
　　Gewand des Misanthropen, in: Aus der französischen Kultur- und
　　Geistesgeschichte. Festschrift zum 65. Geburtstag von Walter Mönch,
　　hg. v. Werner Dierlamm und Wolfgang Drost, Heidelberg 1971, 13-40
　　(20ff.).

유대-최초기 기독교와 그리스-대중철학적 비판이 어떻게 서로
결합되어 있는지를 보여준다.

제2장
구약과 유대교 내에서 부와 재산

2.1. 부에 대한 예언서의 비판과 율법서의 증거

부와 재산에 대한 예수와 최초기 기독교의 입장을 다루기에 앞서, 우리는 초기 기독교가 성장했던 토대인 구약-유대 전통을 살펴보아야 한다. 옛적부터 재산을 강하게 비판하도록 자극한 요소들은 선지자들의 설교와 사회적인 율법 조항에서 비롯했다. 재산에 대한 권리는 원칙적으로 사회적인 약자를 돌보아야 하는 의무에 속해 있었다. 처음으로 쓰인 예언서의 증언, 곧 아모스(주전 8세기)는 명료함에 있어서 부족함이 없다. 아모스는 북왕국에서 큰 땅을 소유한 부자들과 왕실의 관리들이 가난한 자들을 억압하고 착취하는 것을 더할 나위 없이 날카롭게 공격했다.

성문에서 충고하는 자를 미워하며,

정직히 말하는 자를 꺼리는구나!

너희가 힘없는 자로부터 소작료를 쥐어짜내고,

그에게서 곡식의 세금을 받아냈기에,

너희가 반듯한 돌로 집을 건축하였더라도,

그 안에 거주하지 못할 것이며,

아름다운 포도원을 가꾸었더라도,

그 포도주를 마시지 못할 것이다.

나는 너희의 수많은 범죄들과

너희의 심각한 과오들을 알고 있다.

무죄한 자를 억압하고,

뇌물을 받으며,

성문에서 궁핍한 자를 거절하는 자다.

…

이것을 들으라.

궁핍한 자를 삼키며, 땅의 힘없는 자를 죽이려 하는 자들아!

이것을 들으라.

너희는 이렇게 말하는 구나!

"새 달이 언제 지나서

우리가 곡식을 팔며

안식일이 언제 지나서 우리가 밀을 내게 할까?

그리고 용기를 작게 하고

무게추를 크게 하며

거짓 저울로 속이며,

돈으로 힘없는 자를 사며,

신발 한 켤레로 궁핍한 자를 사자."

야훼께서 야곱의 영광으로 맹세하신다.

"내가 그들의 모든 행위를 절대로 잊지 않을 것이다.

이로써 땅이 떨지 않을까?

거기에 사는 모든 자들이 슬퍼하지 않을까?" (암 5:10-12; 8:4-8).[1]

아모스의 사회를 향한 일갈은 얼마 후 남왕국의 이사야에 의해서도 계속되었다. 이사야도 '국유지'를 가진 자들이 '농민들의 토지를 빼앗는 것'과 돈으로 판관을 매수하는 것, 그리고 관리들의 무자비함과 편파성을 신랄하게 비판했다.

화가 있을 것이다!

집에 집을 이어놓고

토지에 토지를 더하여 빈틈이 없도록 하고

이 땅 가운데에서 홀로 거주하려 하는 자들아!

만군의 야훼가 내 귀에 말씀하셨다.

---

1.   번역, H. W. WOLFF.

"진정 허다한 가옥이 황폐할 것이다.

크고 아름다울지라도 거주할 자가 없을 것이고,

열흘 갈이 포도원에 겨우 포도주 한 바트가 나겠고

한 호멜의 종자를 뿌려도

간신히 한 에바가 날 것이다." (사 5:8-10).

화 있을 것이다!

불의한 법령을 만들며 불의한 말을 기록하며

가난한 자를 불공평하게 판결하여

가난한 내 백성의 권리를 박탈하며

과부에게 토색하고 고아의 것을 약탈하는 자여!

벌하시는 날과 멀리서 오는 환난 때에

너희가 어떻게 할까?

누구에게로 도망하여 도움을 구하겠으며

너희의 영화를 어느 곳에 둘까? (사 10:1-3).[2]

오토 카이저(Otto Kaiser)는 아테네의 위대한 입법가이자 사회
개혁자인 솔론이 약 100년 후에 쓴 제3비가(Elegie)에 주목했다.
여기서 솔론은 자신의 고향도시(아테네)가 위와 유사한 상황에

---

2.   번역, O. KAISER.

있음을 지적했다.[3]

> 시민들은 돈에 자신을 무분별하게 내어주고, 백성들의 지도자
> 들은 불법을 행하여 이 위대한 도시의 몰락을 위협하고 있다.
> 저들은 오만함에 몰두하여 이미 많은 근심이 가득하다. 이는
> 주어진 것에 만족할 줄 모르며, 멋지고 기쁜 연회를 자제할 줄
> 을 모르기 때문이다. … 그들은 불의한 방식으로 부를 축적한
> 다. 저들에게는 (신들을 위한) 거룩한 소유도, 공동의 재화도 없
> 고, 다만 도처에서 모든 것들을 긁어모을 뿐이다. 뻔뻔하게도,
> 숭고한 법의 디케(정의의 여신)를 무시하기 때문이다.[4]

사회에 대한 예언자들의 설파의 일부분은 적어도, 이후에
모세의 저작으로 간주했던 토라, 특별히 신명기—요시야 왕의
개혁과 포로기 이스라엘의 정신적 갱신에 결정적인 역할을 했
던—에 나타난다. 토라에 기록된 바, 사회적 약자 및 권리를 가
지지 못한 자들을 위한 수많은 사회적인 보호 규정이 그 예가
될 수 있다. 신명기 15:1 단락과 15:12 단락에는 칠 년마다 모든

---

3.   O. KAISER, Der Prophet Jesaja. Kap. 1-12 (ATD 17), Göttingen ⁴1978,
     55.

4.   H. FRÄNKEL, Dichtung und Philosophie des frühen Griechentums,
     München ³1969, 253f.에 있는 주석에서 번역.

빚을 면제해주고 빚으로 인해 노예가 된 사람들을 해방시켜주라는 규정이 나타난다. 이미 예언자 예레미야는 이 전통을 위반한 것에 대하여 공격한 바 있다(렘 34:8ff.). 칠 년 해방이나 안식년이 지난 후에, 오십 년이 되는 해에는 '희년'이 선포되었는데, 이때 (주인은) 그 사이에 팔렸던 모든 토지를 본래의 소유자나 그 상속자에게 되돌려주어야 했다(레 25:8ff.). 토지의 이러한 '재반환'은 야훼가 거룩한 땅의 원래 소유자라는 사실에 의해 뒷받침된다. "토지는 나에게 속하였으니, 너희들은 단지 나와 함께 있는 거류민이자 동거자일 뿐이다!"(레 25:23). "[희년에는] 너희가 각기 다시 너희의 소유지로 돌아가야 한다"(레 25:13). "매매라고 부르는 것은 실제 매매가 아니라, 단지 흘러지나가는 소유자 전환에 불과하다. 땅의 소유자는 야훼 한 분이시기 때문이다. 그리고 이스라엘 사람들은 단지 그분의 소유에 대한 임차인일 뿐이다. 마치 그분이 받아준 거류민이나 동거자와 같이 말이다. 그들에게는 할당받은 땅을 처분할 일말의 권리도 없다."[5] 전체적으로 우리는 고대의 수많은 사회개혁 시도들에서 세 가지 요구, 곧 빚의 면제, 노예의 해방, 땅의 재분배에 대한 요구를 발견하게 된다. 물론 이 요구들이 실제로 얼마나 실현되었는지는 열린 채로 남아있지만, (이스라엘 사람들은) 이렇게 항상 반복되는 '고대

5.   K. ELLIGER, Leviticus (HAT 1,4), Tübingen 1966, 356.

의 사회개혁'의 기본적인 요구를 하나님의 기본질서에 입각하여 유대법으로 제도화하려고 했다. 눈여겨볼 만한 것은 '희년'이 나중에 이스라엘의 종말론적인 해방에 대한 상징으로 재해석되었다는 것이다.

다른 한편으로, 이웃의 재산을 시기하고 탐내는 것을 금지하고 있는 십계명을 보자면 적절하고 적법한 소유도 가능했다(출 20:15, 17 = 신 5:19, 21). 솔로몬의 평화 시기에는, "유다와 이스라엘이 **각기 자신들의** 포도나무와 무화과나무 아래에서 평안히 살았는데"(왕상 4:25), 이는 구원의 날을 보여주는 예언자적 비전의 상징이 되기도 했다(미 4:4; 슥 3:10; 참조, 왕하 18:31).

2.2. 고대 유대교 안의 사회적 긴장

이미 왕정시대 말기(왕상 21장; 사 5:8ff.; 미 2:2)와 그 이후 페르시아시대의 느헤미야(5:1ff.)에게서도 우리는 대지주와 영세농 내지 땅이 없는 소작농 사이의 상당한 사회적 긴장감을 읽어낼 수 있다. 실제로 이 상황은 알렉산드로스 이후 헬레니즘 시대에 더욱 심화되었다. (동방에서는 당시까지, 광범위한 지역을 탈취하는 것이 전형적이었지만) 이때는 그리스-마케도니아의 정복자들이 동방에서 저들만의 합리성에 근거해 식민지들을 집중적으로 탈취했기 때문이다. 로마인들을 비롯하여 (헤롯과 그 후계자들과 같이) 로마인들에 임명을 받은 지도자들은 이러한 형태의 극심한 착취를 이어갔다.

어느 때보다도, 특히 헤롯 시대 이래로 대토지 소유자들은 자유
롭게 영세농들을 쫓아냈기에, 땅을 잃은 소작농들의 수는 증가
했다. 대농장 소유주와 소작농, 날품팔이꾼들과 노예들 및 불의
한 청지기, 빚의 면제와 빚으로 인한 노예에 관한 예수의 비유
들은 봉건주의로 특징지어지는 팔레스타인의 사회적인 상황을
매우 생생한 그림으로 보여준다. 마찬가지로 자유를 위한 유대
인들의 투쟁—먼저로는 마케도니아 셀레우코스에 대한 마카비
반란과 이후로는 로마에 대한 '열심당'의 항전—도 역시 사회적
인 분쟁이었다는 것을 알 수 있다. 주후 66년 유대 혁명가들이
예루살렘 성전을 정복하였을 때, 가장 먼저 불태웠던 것은 바로
토지 문서와 빚 장부가 보관되어있던 기록보관소였다.[6] 나중에
열심당의 지도자인 '쉼온 바르 기오라'는 전반적인 노예 해방
운동을 일으켰다.[7] 요세푸스는, 상류층이 로마와의 평화를 유지
하려고 애썼던 반면, 무엇보다도 평민층—그리고 젊은이들—은
이 반란을 지지했다는 점을 힘주어 강조했다.[8]

이러한 정치적·사회적 분쟁은 팔레스타인의 유대교 안에서

---

6.   Josephus, Bell. 2,427.
7.   Josephus, Bell. 4,508.
8.   참고, M. HENGEL, Gewalt und Gewaltlosigkeit (CwH 118), Stuttgart 1971, 30 = DERS., Jesus und die Evangelien. Kleine Schriften V (WUNT 211), Tübingen 2007, 266; DERS., Die Zeloten (AGSU 1), Leiden 1961 ²1976, 341f.

뿐 아니라 이집트나 키레나이카(구레네) 같은 더욱 넓은 지역의
디아스포라에서도 있었다. 유대 종교 전통 안에서도 이 분열이
상당 부분 나타난다. 예컨대, 벤-시라는 마카비 반란(주전 약 180년)
을 촉발시킨 헬레니즘적 개혁 전야에, 부정한 이윤을 추구하는
사람들과 재산을 급하게 쫓는 사냥꾼들을 비판했다.

> 나의 아들아, 어째서 너는 너의 일을 그렇게 크게 만드는 것이냐?
> 서둘러 일을 부풀리는 사람에게는 과실이 없을 수 없다!
> (시락서 11:10).

> 황금을 쫓는 사람은 무죄할 수 없고, 이익을 좋아하는 사람은
> 잘못된 길로 가게 된다. (시락서 31:5).

부자와 가난한 자는 각기 늑대와 양처럼 행동하기에, 양자
사이의 간극에는 다리를 놓을 수 없다.

> 부자들은 불의한 일을 하고도 오히려 자랑을 하며,
> 가난한 자들은 불의한 일을 당하고도 오히려 빌어야 한다.
> 네가 부자에게 쓸모가 있으면 그는 너를 노예로 만들고,
> 잇속이 없으면 너를 기피한다. (시락서 13:3-4).

> 광야의 나귀는 사자의 밥이듯,
>
> 그렇게 가난한 자는 부자의 사냥감이다.
>
> 오만한 자들이 겸손을 싫어하듯,
>
> 마찬가지로 부자는 가난을 싫어한다.
>
> 부자가 비틀거리면 그 친구들이 붙들어주지만,
>
> 가난한 자가 넘어지면 그 친구들이 걷어찬다. (시락서 13:19-20).

때로 사회적 불의에 대한 벤-시라의 비판은 예언자들의 설교보다 날카로웠다.

> 가난한 사람들의 재산을 빼앗아 제물로 바치는 것은
>
> 남의 자식을 제물로 바치려고 그 아비 앞에서 죽이는 것과 같다.
>
> 가난한 사람들에게는 빵 한 조각이 생명이며
>
> 그것을 빼앗는 것이 살인이다.
>
> 이웃의 살길을 막는 것은 그를 죽이는 것이며
>
> 일꾼에게서 품값을 빼앗는 것은 그의 피를 빨아 먹는 것이다.
>
> (시락서 34:24-27).

하지만 이것은 동전의 한 면일 뿐이다. 다른 한편으로, 벤-시라는 이와 나란히 전통적인 지혜서의 관점에서 유복함을 칭찬하기도 한다. 곧, 이 부함은 안전하고 걱정이 없는 삶을 보장

하는 것으로 정직한 일과 하나님의 복을 통해 주어진 것이지만,
반대로 가난과 궁핍은 본인에게 책임이 있는 것으로서 기피되
었다.[9] 벤-시라에게 있어서 가난한 자가 아닌, 의로운 부자가 칭
송되는 것은 분명 우연이 아니다.

> 죄책이 없으며, 재물(Mammon)을 좇지 않는
>
> 부자는 복이 있다. (시락서 31:8)

　우리가 유대문학에서 가난한 자나 가난을 직접적으로 칭송
한 경우를 찾는 것은 무익하다. 이는 이미 복음서에 나타나고
있기 때문이다(눅 6:20; 본서 §3.1).

　불의한 부자들을 향한 묵시적인 심판 위협은 더욱 날카롭
다. 이와 같은 것이 에티오피아어 에녹서의 경고에 나타난다.

> 불의와 폭력을 일삼는 자들과 거짓으로 기초를 놓는 자들에게
> 화가 있을 것이다. 그들은 갑자기 스러질 것이며 어떤 평화도
> 누리지 못할 것이다(참조, 사 48:22, 57:21). 죄로 자신의 집을 짓
> 는 사람들에게 화가 있을 것이다. 그들의 모든 기초가 뿌리 뽑
> 힐 것이며 칼로 쓰러지게 될 것이다. 금과 은을 얻은 자는 갑자

9.　참고, M. HENGEL, Judentum und Hellenismus (WUNT 10), Tübingen
　　³1988, 249ff.

기 재판에서 죽게 될 것이다. 너희 부자들에게 화가 있을 것이다. 너희들은 재산을 믿고 있지만, 너희의 재물들을 잃게 될 것이다. 너희가 재물을 가지고 있는 날들 동안 지극히 높으신 분을 생각하지 않았다.

너희는 신성모독하고 불의를 행하면서 살육과 큰 심판의 날을 벌었다. 내가 너희에게 선포한다. 너희의 창조자가 너희를 완전히 없애버릴 것이다. 너희의 몰락에는 어떤 측은함도 없을 것이며, 너희 창조자는 너희의 멸망을 기뻐할 것이다. (에녹1서 94:6-10; 참조 96:4ff.).

불의한 방법으로 은과 금을 얻고서, 이렇게 말하는 너희들에게 화가 있을 것이다. '우리가 큰 부자가 되었구나, 더욱 재물을 모으고 [그것으로] 더 벌자. 그리고 우리가 하고 싶은 것은 무엇이든 행하자. 우리의 보물창고에는 은이 쌓여있고, 우리의 집에는 많은 재화들이 있다.' … 너희는 망연자실하게 될 것이다. 너희 재물은 항상 있지 않을 것이고, 도리어 너희들로부터 [멀어질 것이다.] 이는 너희들이 모든 것들을 불의한 방식으로 축적했기 때문이다. (에녹1서 97:8-10; 참조, 100:6).

하나님의 마지막 심판은 대역전을 일구어낸다. 곧, 부자와 권세자, 착취자들은 영원한 저주로 떨어지게 되고, 반면 평생

동안 "고통 당한"(103:9) 경건하고 의로운 가난한 자들은 영원한
보상을 받게 된다. 심판에 대한 위협적 묘사 이면에 그때까지
억압을 당했던 경건한 자들의 실질적인 복수 욕구가 분명하게
존재한다는 것은 간과될 수 없다. 에녹서 63:10의 그림에 따르
면 "땅의 영역을 소유하고 있는 권세자들과 왕들"은 스스로 다
음과 같이 고백해야만 한다. "우리의 영혼은 불의한 재물(Mam-
mon)로 가득하다(참조, 눅 16:9, 11). 하지만 이 재물은 우리가 고통스
러운 지옥의 불구덩이로 떨어지는 것을 막아주지 못하는구나."
거기서 그들은 "의로운 자들과 … 선택받은 자들을 위한 구경
거리가 되고, 저들의 웃음거리가 될 것이다. 이는 영이신 주의
진노가 저들 위에 머물러 있기 때문이다"(62:12). 여기에 나타나
는 바, 지옥 형벌을 경건한 자들의 구경거리로서 묘사하는 전통
은 단테의 지옥에 이르는 후대 기독교 묵시록에까지 그 흔적이
발견된다(본서 §7). 이 심판 위협 배후에는 고대 유대교 전통이 있
는데, 이는 정경 시편들에 나타나고, 이어서 쿰란의 엣세네파
문서들, 그리고 바리새파들의 '솔로몬의 시편들'에서도 계속 발
견된다. 이때 '가난한'("오니"['ānî] 또는 그 활용형인 "아나브" ['ānāw: '겸손
한'], "에비온"['äbjôn])이라는 용어는 '경건한', '의로운'이라는 의미
와 거의 동의어로 사용된다. 이러한 의미에서, 예를 들자면, 엣
세네파 주석가는 시편 37:11, 곧 "겸손한 자들('nāwîm: "아나빔")은
땅을 상속받을 것이고 구원의 성취를 즐거워할 것이다"를 "고

통의 시기를 지나고 있는 가난한 자들('äbjônîm)이 벨리알(사탄)의
모든 굴레로부터 구원될 것"을 의미한다고 해석했다. 여기서 거
룩한 엣세네파 공동체는 스스로를 "가난한 자들"로 이해했다.[10]
『전쟁문서』에 따르면 적대적인 민족들이 "가난한 자들에 의해"
정복된다. 곧, 하나님께서 직접 "온 땅의 적들을 가난한 자들의
손에 넘겨줄 것이다."[11] 여기에서 종말론적으로 참된 이스라엘
은 기본적으로 "가난한 자들"과 동일시된다. 본디 사회적 계층
을 지칭하던 용어가 종교적 집단을 가리키는 것으로 변화된 것
이다. 이후에 팔레스타인의 최초기 기독교는 "가난한 자
들"('äbjônîm)이라는 용어를 거의 동일한 의미로서 자신들을 지칭
하는 데에 사용했다(본서 §4: '에비온파' 의미—역주).

2.3. 랍비들에게 있어서의 부와 가난

예언자들의 메시지와 토라의 사회적 명령들로부터 영향을
받은 유대의 경건한 자들은 헬레니즘-로마시대에 특히 부와 가
난 사이의 큰 대립을 해소하거나 적어도 완화시키는 데에 힘을
쏟았다. 유대의 대제사장 쉼온 하짜디크(주전 200년)에 의해 쓰인
기본규율에 따르면, "세상은 세 가지 것, 곧 토라, (성전)예식, 자

---

10. 4QpPs 37 II,9ff. = E. LOHSE, Die Texte aus Qumran, Darmstadt [2]1971,
     270; 참조, 마 5:5.

11. IQM 11,8f.13 = LOHSE, 206.

선(Liebestäatigkeit) 위에 서 있다"(mAvot 1,2). 후대의 랍비들은 병자
를 방문하고, 이방인들을 재워주고, 가난한 신랑신부를 (재정적으
로) 지원하며, 유가족을 위로하는 등의 이른바 '자선사업'(Lie-
beswerken)을 가난한 자들을 위해 제도화된 사회복지와 구분을 두
었지만, 이 모든 복합적인 것들은 '선행'(gute Werke)으로 요약될 수
있다(참조, 마 5:16).[12] 또한 디아스포라에서 특별히 중요했던 일, 곧
유대의 노예들을 돈을 주고 해방시켜 주는 것도 '선행' 전반에
포함되었다. 이러한 자선행위—사회적인 고통을 분명히 경감시
켰던—에 대한 높은 평가는 초기 랍비 문헌에 명료하게 나타난다.

> 자선(즉, 가난한 자를 돌보는 것)과 선행은 토라에 나타나는 모든
> 계명들과 동일한 가치를 가진다. 오직 자선은 살아있는 자들
> 에게만 베풀어질 수 있고, 선행은 살아있는 자와 죽은 자들에
> 게 행하여질 수 있다. 자선은 가난한 자들에게, 선행은 가난한
> 자들과 부자들에게 행하여질 수 있다. 자선은 돈으로 행하는
> 것이며, 선행은 자신의 인격과 돈으로 행하여질 수 있다.[13]

이 종교적인 너그러움의 토대는 어떤 면에서 스토아 철학자

---

12. BILL. IV, 536.559.
13. 토세프타 페아 4,19 = 바빌로니아 쑥카 49b (BILL. IV, 537, 참조,
    541).

들과 랍비들에게 동일하게 선호되는 사상, 곧 '선한 하나님을
모방하는 것' 내지는 기독교의 권면에 다시금 등장하는 구약의
주장, 즉 모든 선한 선물들이 하나님 자신으로부터 나온다는 것
에 있다. 주후 100년경의 랍비 엘레아자르 벤 예후다는 이렇게
말했다.

> 그(하나님을 가리킴)의 것은 그에게 드려라. 너와 너의 것들은 그
> 에게 속했다. (성경은) 다윗을 통해 이렇게 말한다. "모든 것이
> 당신으로부터 비롯하였으니 우리가 당신의 손에서 받은 것으
> 로 당신께 드렸을 뿐입니다." (대상 29:14).[14]

　　이러한 사상에 근거하여 유대 공동체들은 고대에—기독교
의 발생 이전에—아마 유일하면서도 아주 효과적이었던 빈민복
지제도를 만들었다. 그 법적인 근거는 신명기 14:29과 26:12에
따른 두 번째 십일조, 이른바 가난한 자를 위한 십일조에 있었
다. 동시에 이 제도의 한계 역시 존재했다. 랍비들에게는 부자
들에 대한 단호한 비판과 자기 재산의 포기가 오히려 금기시되
었다. 이들은 빈곤하게 되는 것을 막기 위하여, 자신의 재산을
가난한 자들에게 내어주는 것에 제한을 두었다. 후원 가능한 최

14.　미쉬나 (피르케) 아보트 3:7 (BILL. IV, 541).

대 액수는 총 수입의 20%였고, 최소 액수는 2-3%였다. 어떤 랍비 전통은 이렇게 보도한다. "한번은 누군가 자신의 재산을 내어주려고 했지만, 한 공동체 구성원들이 이를 허락하지 않았다."[15] 이 이면에는 실제적인 삶의 경험, 곧 엄격주의자인 자신이 나중에 공동체에 부담이 되어서는 안 되고, 이스라엘 백성의 재산이 낭비되어서도 안 된다는 생각이 자리잡고 있었다. 통상 랍비문헌에는 고대의 지혜서에 나타나는 바, 부자를 칭송하고 가난한 자를 멸시하는 태도가 더더욱 드러난다. 하시딤과 같은, 묵시적인 가난의 경건은 여기에 단지 아주 제한적인 영향만을 미쳤을 뿐이다. 가난은 잠언 19:15("가난한 사람들의 날들은 악하다")에서 보듯이 하나의 저주로 간주될 수 있었고,[16] 또 다음과 같이 평가됐다.

세상에 가난보다 더 힘든 것은 없다. 가난은 세상의 모든 고통 중에서 가장 힘든 것이다. 그렇기에 욥은 이렇게 기도했던 것이다. "주님, 저는 세상에 있는 모든 고통을 감내하겠지만, 가난은 아닙니다."[17]

15.　바빌로니아 케톱보트 50a (BILL. IV, 550f.).

16.　바빌로니아 케톱보트 110b; 바빌로니아 싼헤드린 100b; 참고, E. BAMMEL, Art. πτωχός, ThWNT VI, 901.

17.　출애굽기 랍바 31:12 (BILL. I,818).

이 태도에 부합하게, 부에 대한 칭송이 널리 퍼져있었다. 주후 3세기에 유명했던 교사 랍비 요하난은 단순히 "하나님은 자신의 '쉐히나'(하나님의 임재)를 오직 강한 자들, 곧 부자들, 현자들, 겸손한 자들에게만 두신다"라고 말한 것이 아니라 동시에 성경으로 어느 정도 뒷받침하기도 했다.

> 모든 예언자들은 부자였다. 우리가 어디에서 이것을 아는가?
> 모세, 사무엘, 아모스(!)와 요나로부터 알 수 있다.[18]

고대 묵시록에서는 자명하게 오는 세상에 가난이 종결될 것이라고 기대했다.

> 슬픔 속에 죽은 사람들은 기쁨으로 부활할 것이며,
> 주를 위해 가난하게 되었던 자들은 부유하게 될 것이고,
> 굶주린 자들은 배부르게 될 것이며,
> 나약했던 자들은 강하게 될 것이다.[19]

하지만 바빌로니아의 예쉬바 교장이었던 마르 사무엘—물론 메시아에 대한 기대를 특히 삼갔던—은 신명기 15:11("결코 가난

---

18. 바빌로니아 네다림 38a (BILL. I, 826).
19. 유다의 유언 25:4

한 자가 땅에서 그치지 않을 것이다")에 의거하여 다음과 같이 주장했다.

> (타국에 의한) 통치에 대한 예속(이 끝난다는 것) 말고는 이 세상과
> 메시아의 날들 사이에 다른 차이가 없다.[20]

즉, 그때에도 여전히 가난이 있고 선행을 하는 상황이 있을 것이라는 말이다. 자주 반복되는 이와 같은 진술은 그러한 견해가 얼마나 흔했는지를 보여준다.

또한 우리는 부에 대한 유대인들의 입장 변화를 볼 수 있다. 주후 70년 이후, 가난을 추구하는 유대-묵시적인 경건은 점차적으로 이교적인 것으로 의심을 받아 약화되었다. 초기 랍비 전통은 여전히 주전 1세기와 주후 2세기 사이에 있었던 소수 교사들의 위대한 가난에 대하여 기록하고 있다. 바빌로니아에서 예루살렘으로 왔던 가난한 일용직 노동자 힐렐은 학교에 들어가기 위해 아껴 모았던 소유의 절반을 써야 했고, 랍비 아키바 역시 아주 가난한 환경에서 자랐으며 무엇보다도 목동에 지나지 않았다. 하지만 괄목할 만한 것은 바로 랍비 전승이 단지 위대한 명성뿐 아니라 부함까지도 얻게 된 저들에 대하여 분명 강조하고 있다는 사실이다. 주후 2세기 후반 이래로 힐렐의 가문들,

---

20. 바빌로니아 베라호트 34b u. ö. (BILL. I, 74).

즉 그 후손들이 가졌던 부에 대해서는 매우 잘 알려져 있었다. 랍비 아키바가 "야곱의 딸들의 가난은 흰 말의 목에 두른 붉은 띠와 같이 아름답다"고[21] 했던 것은 가난을 칭송했던 것이 아니라 단지 이스라엘이 극심한 가난을 통해 돌이켜야 한다는 표현일 뿐이었다. 사회혁명의 일환으로 발생한 유대 전쟁들과 바르-코흐바 혁명(주후 66-74년과 132-136년) 같은 대재난은 백성들에게 경제적 궁핍을 가져왔고 저들의 종교적·민족적·경제적 현실을 위협했다. 가난은 더 이상 추구해야 할 이상이 아닌, 오로지 하나님의 징벌로 보였을 뿐이다. 후대 교사들이 점차로 부를 칭송하고 가난을 멸시하게 된 것은 주후 약 2세기 말과 3세기에 이 위기를 극복하고 유대교가 다시 강화된 것과 관련된다. 랍비들은 유대교 내에서 종교적·정치적 지도자 지위를 확보하였고, 백성들의 인정을 받은 지도자로서 부유하게 될 가능성과 의지를 스스로 가졌다. 이에 대한 몇몇 반발이 은사주의자들과 기적을 행하는 자들에 의해 일어났는데, 이들의 가난과 극단적인 금욕주의는 전설에서나 부각되었다. 이중에는 1세기의 랍비 하니나 벤 도사와 압바 힐키아, 2세기 말엽에 부유했던 원로 예후다 한나시를 반대한 랍비 핀하스 벤 야이르가 있었다. 하지만 이들이 가난을 추구했던 것은 예외적인 경우였다.

---

21. 페씨크타 데라브 카하나 1:241f. (ed. MANDELBAUM); 바빌로니아 하기가 9b u. ö.

제3장
예수의 선포

이 모든 것으로부터 분명해지는 것은 예수가 활동하고 초대 교회가 발생했던 1세기 팔레스타인에 정치적·사회적·종교적 측면의 불화가 극심했다는 것이다. 무엇보다도, 요세푸스와 필론은 유대인들과 지방행정관 본디오 빌라도—특히 탐욕스럽고 잔혹한 것으로 묘사되는—사이의 여러 차례 충돌을 보도했다(참조, 눅 13:1-2). 빌라도는 사마리아에서 있었던 메시아 소동을 폭력적으로 진압한 것으로 인해 결국 주후 37년 지방행정관직을 박탈당했다.[1] 이 부정적 상황에 대한 묘사는 당시 대제사장 가문의 탐욕과 횡포에 대한 랍비들의 기록을 통해 지지를 받는다. 무엇보다도 안나스 가문은 자신들의 특권적인 지위를 사용하여 예루살렘 절기 순례자들을 착취하였는데, 이들을 억압하는 데

1.　　Josephus, Ant. 18,55-64. 85-87; Philo, Leg. ad C. 299ff.

에 성전의 하급 관리들을 이용하였고 로마 지방행정관들과 손을 잡았다.

3.1. 재산에 대한 예수의 급진적 비판

이제 우리는 예수에 대하여 묘사하고 있는 주된 출처인 **공관복음서**, 곧 마가복음과 누가복음, 마태복음을 살펴보려 한다. 나는 이 지면에서 진정한 예수전승으로 추정되는 것과 후대 수십 년간 교회에서 발전된 전승 사이를 구분할 수 없다. 여기에 원인과 영향은 보통 분리될 수 없도록 서로 융합되어 있다.

예수의 선포는, 성경에 대한 박학함—토라를 결의론적으로 해석하면서 (우리에게는 신성모독처럼 보일 수 있지만) 특히 개인의 권리법에 관심을 두었던—을 드러내는 바리새파와는 달리, 완전히 예언적-종교적 특징을 가지고 있었다. 예수는 "도래할 **하나님 나라**를 선포하고 가져오는 분"으로[2] 나타난다. 하나님 나라의 여명은 문턱에 이른 듯 임박하였고, 당시 예수의 사역 안에 감추어져 있었다. 산상수훈에 나타난 요구들은 세상의 모든 재화들에 대한 예수의 태도의 기초가 된다(마 6:33).

---

2.   W. G. KÜMMEL, Der Begriff des Eigentums im Neuen Testament, in: DERS., Heilsgeschehen und Geschichte. Gesammelte Aufsätze 1933-1964 (Marburger theologische Studien 3), Marburg 1965, 271-277 (272).

너희는 먼저 하나님의 주권과 하나님의 의를 구하라, 그러면
이 모든 것이 너희에게 주어질 것이다!

이러한 이유로 예수—서기관들과는 대조적으로—는 유산 분
쟁을 해결하기를 거부한다.

이 사람아, 누가 나를 너희의 재판관이나 유산 분배하는 자로
세웠느냐? (눅 12:14).

반면, 임박한 하나님 나라는 소유로부터 자유하고 모든 근
심들을 버리며 하늘에 계신 아버지의 선하심과 돌보심을 완전
히 신뢰할 것을 요구한다(마 6:25-34 = 눅 12:22-32). 하나님을 섬기는
것과 재물(Mammon)을 섬기는 것은 근본적으로 서로를 밀어낸다.

어떤 노예도 두 주인을 섬길 수 없다. … 너희는 하나님과 **맘몬**
(Mammon)을 겸하여 섬길 수 없다. (눅 16:13 = 마 6:24).

'소유'와 '재산'을 가리키는 아람어-페니키아어 단어가 여기
에서 분명히 부정적인 의미로 사용되었다. 최초기 기독교는 이
러한 당대 유대의 언어 관습에 의존하여 "불의한 맘몬(Mammon)"
을 직접적으로 이야기할 수 있었다(눅 16:19; 본서 §1.3). 알렉산드리

아의 클레멘스는 이 대목으로부터 사유재산이 근본적으로 불의한 것임(ἀδικία)을 도출해냈다.[3] 초기의 교회가 이 낯선 셈어 단어를 번역하지 않고 그대로 놔둔 것은 저들이 아마도 (맘몬을) 우상들의 이름들 중 하나(재물의 신—역주)로 간주했기 때문일 것이다. 곧, 재물(맘몬)을 섬기는 자(Mammonsdienst)는 우상숭배자다. 여기에서 재산은 악마적인 성격을 가지고 있다. 재산이 사람들을 옭아매 하나님 나라로의 부름을 거부하게 만들기 때문이다. 이 근본적인 비판은 부의 위험성에 대한 예수의 강렬한 경고와 잘 어울리는데, 이는 하나님의 오심에 대한 예수의 메시아적 선언이라는 배경 위에서 이해되어야 한다. 예수는 이사야 61:1-2의 예언을 고려하여 종말에 대한 기대에 입각한 "해방의 해"를 내다보고 있다.

> 주 야훼의 영이 내 위에 내리셨으니,
>
> 이는 야훼께서 내게 기름을 부으사,
>
> **가난한 자**들에게 기쁨의 소식을 전하게 하기 위함이다.
>
> 그가 나를 보내셔서,
>
> 마음이 깨어진 자를 고치며
>
> 포로된 자에게 자유를,

---

3.   Quis dives 31 (GCS 17, 180).

간힌 자에게 놓임을 선포하며

야훼의 은혜의 해와

우리 하나님의 보복의 날을 선포하며

슬퍼하는 모든 자들을 위로하고

시온에서 슬퍼하는 모든 자들을 기쁘게 하도록 말이다.

누가는 이 단어들을 예수가 고향 나사렛의 첫 번째 설교에서 말하고 있는 것으로 기록하며(4:16ff.), 세례 요한에 대한 예수의 대답에 다시금 삽입했다(눅 7:22 = 마 11:5). "가난한 자들에게 기쁜 소식이 선포되며" 무엇보다도 이들에게 복이 있다(눅 6:20ff.; 참조, Polykarp, Phil. 2,3).

너희 가난한 자들은 복이 있다.

너희가 하나님 나라에 속해있기 때문이다!

지금 주린 자들은 복이 있다.

너희가 배부를 것이기 때문이다!

지금 우는 자들은 복이 있다.

너희가 웃을 것이기 때문이다!

또한 가난한 자들에 대한 축복에 대응하여 부자들과 배부른 자들에 대한 "화"의 선언이 나타난다(눅 6:24).

그러나 너희 부자들에게 화가 있을 것이다.

너희는 너희의 위로를 이미 받았기 때문이다!

지금 배부른 자들에게 화가 있을 것이다.

너희는 주리게 될 것이기 때문이다!

지금 웃는 너희들에게 화가 있을 것이다.

너희들이 애통하고 울게 될 것이기 때문이다!

이 가난한 자들에 대한 축복과 부자들에 대한 화의 선언은 부자와 가난한 나사로에 대한 비유와 일치한다(눅 16:19-31). 부자 농부에 대한 비판도 덜 하지는 않는다(눅 12:16-21).

너 어리석은 자여, 오늘 밤에 너의 영혼이 요구될 것이다.

그러면 네가 쌓아놓은 것이 누구의 것이 되겠느냐?

"부자들의 기만"은 말씀의 씨앗이 싹트게 하는 것을 억누르고 결실을 막는다(막 4:19).

바늘귀 비유는 더욱 날카롭다.

부자가 하나님 나라에 들어가는 것보다

낙타가 바늘귀를 통과하는 것이 더 쉽다. (막 10:25 = 눅 18:25).

오직 하나님의 행사만이 부자를 구원할 수 있다. "하나님에게는 모든 것이 가능하기 때문이다"(막 10:27). 주목할 만한 것들은 다음과 같다. 매우 이른 시기의 사본에는 이 거친 표현이 약화되어 나타난다는 것이다. 또한 이 맥락에서 예수 자신은 가진 소유가 없었다. "사람의 아들은 자신의 머리를 놓을 곳이 없다"(마 8:20 = 눅 9:58). 예수는 자신을 따르려는 사람들에게 가족과의 단절뿐 아니라(눅 9:59ff.; 14:26), 재산의 포기까지도 요구했다(막 1:16ff.와 평행본문들; 10:17ff. 28ff.와 평행본문들). 제자들을 파송할 때에도 저들의 소유를 버리면 하나님의 인정을 받게 된다고 약속하셨다(막 10:28ff.). 이러한 경향은 매일의 생활비에 대한 모든 염려를 버리라는 이야기(마 6:25-34), 힘과 법정 소송을 포기하고 무조건적으로 너그러우라는 요구에도 나타난다.

네게 구하는 자에게 주고,

네 것을 가져가는 자에게 돌려줄 것을 요구하지 말라.[4]

후대에 부에 대하여 매우 비판적이었던 금욕주의자 히에로니무스가 마태복음 19:29에 나타난 예수의 요구에 대하여 반박

---

4.   눅 6:30; 참조, Barn 19,11; Did 1,5.

의 여지를 두었던 것은 이해할 만하다. "이러한 것은 어렵고, 엄격하며, 본성에 반대된다"(*difficile est, durum est, et contra naturam*). 히에로니무스는 마태복음 19:12의 주의 말씀으로 대답했다. "이 말을 받을 만한 자는 받으라!"[5]

3.2. 재산에 대한 예수의 자유로운 태도

재산에 대한, 특히 부자들에 대한 이 급진적인 비판은 무엇보다도 예수의 사역과 선포의 한 단면일 뿐이다. 바로 여기에서 예수가 일용직 프롤레타리아나 땅이 없는 소작농이 아닌 '중산층 수공업자' 출신이었다는 것을 기억하는 것이 좋다. 예수 본인은 그 아버지와 마찬가지로 '건축 관련 직업'(Bauhandwerker: τέκτων)을 가지고 있었는데, 이는 벽돌장이, 목수(Zimmermann), 수레 만드는 자, 목공(Tischler)을 한 데 일컫는 말이다(막 6:3). 순교자 유스티누스는 예수가 "멍에와 쟁기"(Dial. 88,8)를 제작했다고 보았다. 두 세대 후 도미티아누스 때에는 예수의 조카의 두 아들들이 작은 농지를 경영했다고 전해진다(본서 §9.1). 우리가 대체로 알 수 있는 것은 예수를 따르라고 요청받았던 제자들이 비슷한

---

5. Ep. 120,1,11 (PL 22, 985); 참조, R. V. PÖHLMANN, Geschichte der sozialen Frage und des Sozialismus in der antiken Welt, durchgesehen und um einen Anhang vermehrt von F. Dertel, 2 Bde., München ³1925, Bd. 11,470.

사회적 배경을 가지고 있었다는 것이다. 야고보와 요한의 아버지 세베대는 가업에 있어서 자신의 아들들 외에 일용직 노동자들(개역에서 "품꾼"—역주)을 고용했고(막 1:20), 다른 제자 레위는 세리로 불렸다(막 2:14-15). 마태복음은 이 레위를 마태와 동일시하고 있다(마 9:9-10; 10:3). 예수의 행동 역시도 그렇게 엄격한 금욕주의자—세례 요한과 비교해서(마 11:18; 막 1:6-7)—의 것은 아니었다.

이처럼 예수 본인은 주변 사람들이 재산을 가지고 있는 것을 인정하셨던 것이 분명하다. 명문가 여성들은 자신들의 재물로 예수와 제자들을 지원했다(눅 8:2-3; 참조, 10:38-39). 예수는 가버나움에서 제자 시몬 베드로의 집을 방문하고 거기에서 그의 장모를 치료하셨는데(막 1:29ff.과 평행본문들), 이 집을 예수의 순회 설교 기간 동안의 거점으로 사용했을 가능성이 있다. 발굴된 바에 따라 추측하자면, 이 집은 가정교회로서 나중에 비잔틴 교회의 터가 되었던 것 같다. 또한 바리새인들의 문자주의적인 예식에 논박하면서는 네 번째 계명을 가리키며 재산을 가지고 부모를 부양할 것을 요구했다(막 7:9-10과 평행본문들). 마찬가지로 재산으로 궁핍한 사람들을 도와야 했다(막 12:41ff.; 마 6:2; 25:40; 눅 10:30-37). 누군가 돈 빌리기를 요청하면, 되돌려 받을 것에 대한 기대 없이 빌려주어야 한다(마 5:42 = 눅 6:30, 34). 이렇게 예수는 빌려줄 수 있는 재산을 전제하고 있다. 세리장 삭개오는 소유의 절반을 가난한 사람들에게 주고, 더 나아가 속여 빼앗은 것이 있다면 네 배

로 갚겠다고 했다. 여기에서 전 재산 포기를 요구받지는 않았다
(눅 19:8-9). 예수는 부자들 및 특권층과 사귀는 것을 전혀 피하지
않았고, 저들의 연회에 손님으로 초대되기도 했다(눅 7:36ff.; 11:37;
14:1; 막 14:3ff.). 특히 개중에는 외세와 협력함으로 인해 가장 멸시
를 받았던 세리들과 조세징수원들이 있었다(막 2:13-17). 예수는 금
욕주의자가 아니었고 잔치에 참여하기를 좋아했다(요 2:1ff.). 이로
인해 경건한 무리들은 예수를 조롱했다.

> 탐식가면서 술고래이자,
>
> 세리들, 죄인들과 한패인 자를 보라. (마 11:19 = 눅 7:34).

기쁨의 메시아 잔치와 금식이 어울리지 않는다는 이유로 잔
치를 즐기면서 금식을 거부했던 사람(막 2:18ff.)은 엄격한 금욕주
의자가 가진 비판적이고 광신주의적인 눈으로 재산을 바라보지
않았다.

예수는 제자들과 공동체 식사를 나누었는데, 이때 저들은
최후의 만찬이 보여주는 것과 같이 부유한 집주인의 후원에 의
존했다(막 14:14-15). 마지막으로 예수의 비유에 있어서 주목할 만
한 것은 예수가 사회에 대한 특정한 비판 없이—위에서 언급한
두 비유를 제외하고—대지주와 소작인, 농장관리인, 노예로 구
성된 갈릴리의 사회적 환경을 자주 묘사했다는 것이다. 곧, 빚

으로 예속되는 관계와 사업가에게 있어서 노예의 활용, 장부관
리인에게 맡겨진 현물 증식은 하나님의 요구를 묘사하기 위한
비유로 기능한다.[6] 포도원 품꾼 비유에서 땅 주인은 하루종일
일하고도 상대적으로 늦게 온 사람과 동일한 임금을 받고 너무
적다며 불평하는 사람에게, 오늘날까지 통용되는 고전적인 재
산의 정의(Definition)를 가지고 대답한다.

　　내 재산을 가지고 내 뜻대로 하는 것이 안 되는 것인가?

　　(마 20:15).

　　분명히 예수는 비유에서 유별나고 대담한 상황, 전형적으로
불의한 상황들을 사용하기를 선호했는데, 이는 오늘날 매우 흔
한 '사회적 저항'을 보여주기 위한 것이 아니라 도래할 부와 관
련한 하나님의 뜻을 적극적으로 보여주기 위한 것이었다.

3.3. 가까이 다가온 하나님 나라와 아버지의 사랑

　　우리는 이 모순을 어떻게 설명해야 할까? 다음과 같이 설명
함으로써 이 모순을 성급하게 단순화하거나 무디게 만들어서는
절대로 안 된다. 곧, 재산이 창조주에 의해 위탁된 소유물—충실

6.　마 25:14ff. = 눅 19:12ff.; 참조, 본서 §9.4.

한 관리가 요구되는—로서 예수에 의해 정당화되었고, 예수는
바로 그 재산의 오용에 대해서만 비판하셨다는 것이다. 재산을
하나님에 의해 위탁된 '세습권'으로 보는 이 인기있는 해석—현
대 기독교의 재산 논의에 이르기까지 중요한 역할을 해온—은
예수나 초대교회의 선포 안에서 암시되기는 하나[7] 이것이 중심
적인 의미는 아니다. 또한 이는 기독교만의 특유한 사상도 아니
다. 우리는 이와 같은 생각을 구약성경과 유대교, 특별히 그리
스 사상가 안에서도 발견할 수 있다. 그러한 것이 에우리피데스
의 아름다운 구절에 나타난다.

> 부함이란 무엇인가? 한낱 이름에 불과하다!
> 현명한 자들은 꼭 필요한 것만 가지고 있어도 족하다.
> 재산은 인간의 소유물이 아니다.
> 오로지 신들에게 속한 것이며 우리는 그것을 관리할 뿐이다.
> 신들은 자신들이 원할 때에 그 재산을 도로 가져간다.[8]

우리는 재산에 대한 예수의 태도를 이해하기 위해, **도래한
하나님 나라에 대한 예수의 메시아적 설교**로 돌아갈 필요가 있다.

---

7. 눅 16:13; 참조, 은유적인 의미에서 눅 16:9과 고전 4:1-2, 7-8.
8. Phoinissae 553ff.; E. NESTLE, Vom Mythos zum Logos, Stuttgart
    ²1942 (Nachdruck 1966), 494의 번역.

앞서 왔던 세례 요한과는 달리, 예수의 선포는 주로 심판의 표징 아래에 있기보다 모든 것을 감싸 안는 **하나님의 사랑**에 서 있다. 사람들은 그분의 죄 용서를 경험하기에 그들 자신도 용서할 수 있으며, 하나님의 선함이 자신들의 삶을 떠받치고 이끈다는 사실을 확신하기에 일상에서 더 이상 생계로 인해 노심초사하지 않고 어린 아이와 같이 기도할 수 있다. "우리에게 일용할 양식을 주옵소서"(눅 11:3 = 마 6:11). 저들은 하늘에 계신 아버지의 한이 없는 사랑을 받았기에 더 이상 불안하고 이기적인 자기-주장으로 되돌아가서는 안 되고, 도리어 담대히 행할 수 있으며 원수를 사랑하고 보복하기를 포기할 수도 있다(마 5:38-48; 비교, 눅 6:27-36). 자기 소유에 의존하면서 이웃을 망각한 사람들은 이 근심 가득한 자기중심적 자기-주장 안에서 살아간다. 이러한 자는 재물(Mammon)의 우상을 섬기기에 이웃을 사랑하라는 하나님의 계명을 거부한다. 하나님은 탕자가 빈손으로 돌아왔을 때와 같이 가난한 자, 멸시받는 자, 병든 자 곁에 인자한 아버지로 서 계신다. 예수는 재산 자체의 옳고 그름이나 재산의 기원, 재산의 더 나은 분배에 관한 새로운 이론을 창안하려고 했던 것이 아니라, 도리어 사람들을 거리끼게 했을 자유함을 가지고 거침없이, 본질적으로 국가 권력, 곧 로마의 외세 통치나 거기에 조력하는 유대 공모자들에 대항하셨다. 이 모든 것들은 임박한 하나님 나라를 통해 사실상 이미 무력화되었다. 왜냐하면 하나님 나라 안

에서는 "먼저 된 자가 나중 되고 나중 된 자가 먼저 될 것"(막
10:31 = 마 19:30; 20:16; 눅 13:30)이기 때문이다. 물론 예수는 사람들의
마음을 옥죄는 재물(Mammon)에 대해 아주 신랄하게 반응하셨다.
재물은 하나님의 뜻, 구체적으로 말하자면 이웃들의 곤경을 보
는 눈을 어둡게 하는 악마적인 성질이 있기 때문이다. 재물(Mam-
mon)은 인간이 부를 탐하고, 부를 통해 매이며, 자신의 소유를
계속 증식하고, 재물을 권력의 도구로 오용하는 곳 어디에서나
숭배를 받는다. 부에 대한 이러한 급진적인 비판은 권력에의 포
기와 원수에 대한 사랑의 요구와 같이 가능성이 없는 몽상으로
취급될 수도 있다. 하지만 바로 오늘날과 같이 '구체적인 이상
세계'에 대해 자주 회자되는 때에는 기독교뿐 아니라 전체 인류
가 예수의 선포에서 나오는 자극을 필요로 하지는 않는지 돌아
볼 필요가 있다. 레오 톨스토이, 알베르트 슈바이처, 마하트마
간디, 도요히코 가가와, 마틴 루터 킹과 같은 다양한 부류의 인
물들은 이에 대한 실례가 될 수 있을 것이다.

예수 자신과 그를 따르라고 부름을 받았던 제자들의 경우는
예수의 선포가 실행으로 옮겨졌다는 사실을 보여준다. 예수는
저들이 하나님 나라의 것을 섬기는 데에 완전히 준비가 되도록
가족과 재물을 버릴 것—본인과 같이—을 요구하셨다. 예수가
열심당과 같이 '폭력을 통한 사회 변화'를 요구했던 것은 아니
지만, 유대 민족 지도자들의 고발을 받고 로마를 통해 명목상

반란을 일으킨 메시아로서 유죄를 선고받아 처형에 이르게 된
데에는 사람들에게 불편했을 '사회적' 선포가 분명히 자리잡고
있다. 예수로부터 나온 영향력은 다른 모든 인간적인 권력보다
도 훨씬 더 강력했다.

제4장
초대교회의 '사랑-공산주의'

예수의 부활과 현현 이후 **예루살렘에서 초대교회가 출현한 것**은 예수의 메시지가 계속 영향을 미쳤다는 것을 보여준다.

나는 이미, 누가가 당대 대중철학 언어를 사용하여 초대교회의 모습을 그렸던 것에 대해 이야기했다(본서 §1.3). 예컨대, 사도행전 2:44와 4:32에는 다음과 같은 표현이 나타난다. "그들이 모든 물건을 서로 통용했다. … 그들에게 모든 것이 공동(πάντα κοινά)이었다". 이는 아리스토텔레스의 표현을 상기시킨다. "친구들의 소유물은 공동의 것(κοινὰ τὰ φίλων)이다".[1] 이와 관련하여 이미 아리스토텔레스도 누가의 "한마음"(4:32)이라는 어구를 사용한 바 있다. 하지만 에른스트 트뢸취에 의해 사랑-공산주의로서 표명된 **최초기 기독교의 "재산 공유"**가 저자(누가)의 단순한 창

---

1. Eth. Nic. 1168b.

작물인지—급진적인 비평 주석에서 받아들이듯—아니면 어떤
역사적인 배경을 가지고 있는 것인지 하는 질문은 여전히 존재
한다. '급진적인 비평'에서는 누가가 명백히 모순적인 진술을
하고 있음을 지적하기도 한다. 한 번은 완전한 재산 공유에 대
해서 말하고(행 2:44; 4:32), 또 한 번은 개인이 소유를 팔아 사도들
에게 가져온 이야기, 곧 바나바(4:36)와 아나니아와 삽비라 부부
의 이야기를 보도한다. 여기에서 언급된 부부는 소유의 절반을
숨겼다고 하여 즉각 처벌받았다(5:1-11). 무신론 철학자 에른스트
블로흐가 예루살렘 초대교회의 공동 재산 존재를 이른바 급진
적인 비평가들보다도 더 믿고 있었다는 것은 주목할 만하다.

> 사랑-공산주의적으로 세워졌던 이 공동체에는 소유하지 않을
> 것을 강요한다는 차원에서 부자도 없으며 가난한 자도 없다.
> "어느 누구도 자기의 재물을 조금이라도 자기의 것이라 하지
> 않고 모든 물건을 서로 통용했다"(행 4:32). 이 재물들은 후원으
> 로 모아졌고, 짧은 기한 동안—예수가 곧 돌아올 것이라 말씀
> 하셨기에 저들이 생각하기에는 짧은 시간이었다—충분히 행
> 해졌다. 들의 백합화와 하늘의 새에 대한 가르침은 경제적으
> 로 순진하다기보다 오히려 아주 도전적인 것이었다. 세상에
> 대한 염려를 장사지낸 사람들의 발걸음이 문턱에 이르렀을

때, 내일을 향한 경제적인 염려는 어리석은 것이었다.[2]

에른스트 블로흐는 여기에서 일부 소위 비평주석가들보다
도 역사적인 정세를 더욱 분명하게 바라보고 있다. 세 가지 점
에 있어서 그렇다.

첫째, 블로흐는 "공동 재산"의 근거를 초대 공동체의 임박
한 종말에 대한 확신에 두었다. 그들은 예수의 부활 현현 이후
에 조만간 다시 올 주를 기다렸다. 누가에게서는 이 점이 보통
희미하게 나타나기에 누가의 묘사는 오해될 만하다.

둘째, 블로흐는 이 '사랑-공산주의'의 자연스러운 자발성을
강조했다. 이는 조직화되지도 특히 강요되지도 않았다. 결정적
인 것은 이것이 조직이 아니라 '생활 공동체'(κοινωνία)였다는 것
이다.

> 이와는 대조적으로 **엣세네파의 공동 재산**은 엄격하게 조직되었
> 고 법적으로 제정된 것이다. 본래 엣세네파는 마카비 반란 이
> 전에/동안에 유대 상류층들의 무분별한 소유 증식에 반발하
> 여 발생했고(1QpHab 8,10ff.) 마찬가지로 종말론적 유토피아 모
> 티프로부터 성장했는데, (이 공동체 안에) 얼마 안 있어 견고한

---

2.   Das Prinzip Hoffnung, Bd. III, Frankfurt 1959, 1488.

법체계가 세워졌다. 저들은 모종의 법을 통해 유대적인 가난
의 영성을 추구했다(본서 §2.2). 쿰란 분파의 규율에 따르면 공
동체에 처음으로 들어오는 모든 초심자들은 자신의 재산을 공
동체의 지도자에게 맡겨야 했다. 그리고 1년 후 그가 공동체의
일원으로 받아들여지면 자신의 소유를 공동체에 넘겨주어야
했다(1QS 1,11ff.와 Josephus, Bell. 2,122). 조직 구성원들의 모든 필
요는 이렇게 모인 재산과 더불어 각자의 농장 일, 수공업을 통
해 충당되었다. 이 공동체는 이로써 상당한 부를 축적했던 것
으로 보인다. 요세푸스가 엣세네파를 가리켜 "부를 경멸하는
자들"이라고 불렀을 때, 이는 단지 개인적인 자산에 대해서만
해당하는 것이었다. 공동의 재산은 "모욕적인 가난"과 "과도
한 부" 모두를 불가능하게 만들었다. 그 규정은 엄격했다. 자
신의 재산을 거짓으로 보고한 사람은 1년 동안 공동체로부터
제명되었고 음식배급은 1/4이 삭감되었다. 이 초기 공동체의
'공동 재산' 체계는 분명 잘 정비되지도 않았고 동시에 강압적
이지도 않았다.

셋째, 블로흐가 "불의한 재물"과 재물에 대한 염려를 비판
한 예수의 가르침을 참고한 것은 옳다. 예수의 메시지와 삶의
태도는 여전히 사람들의 기억 속에 생생했고, 그것이 계속 영향
을 미치지 못했다면 온전히 이해되지도 않았을 것이다. 이 점에

서 예루살렘의 초대교회는 단지 세상 재물에 대해 근심이 없는 예수의 태도를 답습한 것뿐이다. 소유라는 장벽—(수) 천 년 동안 인간을 그토록 분리시켰던 다른 힘은 거의 없었다—은 예수와 동일시되었던 '사람의 아들'의 도래와 더불어 무너졌다. 개인이 소유하고 있었던 것은, 공동체가 필요로 하는 만큼, 공동체의 뜻에 따라 자유롭게 사용될 수 있었다. 모순으로 보일 만한 누가의 두 가지 진술, 곧 "어느 누구도 자기 소유를 자기의 것이라고 말하는 사람이 없었다"(행 4:32)는 것과 개인 토지 소유자들—구브로 출신 레위인 바나바와 같은—이 자신들의 땅이나 집을 팔아 그 돈을 공동체가 사용하도록 넘겨주었던 것(행4:36-37)은 기본적으로 피상적인 모순에 지나지 않는다. 이때 바나바의 사례는 예루살렘에서 유일하고 특별한 경우라서 언급된 것이 아니라, 바나바가 이 전승 단편을 가지고 있었던 안디옥 공동체에 알려져 있었기에 기록된 것이다. 우리는 바나바가 예루살렘 공동체의 '사랑-공산주의'에 스스로 참여했던 한 권위자로서 자랑스럽게 지칭되고 있음을 확인할 수 있다. 이 짤막한 기록(행 4:36-37)은 누가가 아마도 안디옥 자료를 사용했음을 보여준다. 은사주의적-열광적인 공동체가 형성되었고, 기도를 위해 매일같이 모였으며, 공동 식사를 하고(행 2:42), 소유와 미래에 대해 전혀 염려하지 않았으며, 사람들은 하루를 벌어 하루를 먹고 살았고, 주께서는 함께 계시며 걱정하지 말라 말씀하셨다. 저들에게 있

어 실제로 유일한 관심사는, 예루살렘에 거주하며 그리스어를
말하는 디아스포라 유대인들을 포함하여, 유대 민족에게 복음
의 메시지를 전하는 데에 있었다. 공동체의 일상의 생계는 재산
을 가진 사람들이 자발적으로 소유를 팔아 충당되었다. 사회적
인 격차는 실제로 사라졌고, "가난한 자"는 이 공동체에 더 이상
존재하지 않았다(행 4:34). 요한 마가의 어머니 마리아와 같은 사
람들은 자신의 집을 공동체의 회집 장소로 제공하기도 했다. 재
산과 관련된 법적 문제나 토지 등기, 토지대장으로 근심하는 이
가 없었다. 이 세상의 일들은 중요하지 않았다. 조직은 최소한
의 규모로 제한되었다. 예수의 재림을 열렬히 기다리고 있었기
에 앞날에 대한 대책이 전혀 없었다. 그런데 공동체가 매우 급
속도로 성장하자 분배의 문제가 대두되었다. 사도행전 6장에는
이 공동체의 일부인 헬라파 "과부들"이 매일 주어지는 분배에
있어서 불이익을 받았다는 것과 이에 따른 분쟁이 있었음을 보
도하고 있다. 종말의 도래에 대한 타오르는 기대를 가지고 성령
의 감동에 의한 열심을 경험함으로써, 사람들은 쿰란의 엣세네
파와 마찬가지로 공동의 체계적인 경제 생산에는 전혀 무관심
했다. 유대 환경에 대한 압력과 주후 40년대 곧 클라우디우스
때의 기근(행 11:28)으로 인해 예루살렘 공동체는 결국 극심한 경
제적 어려움을 겪었고, 안디옥 교회—및 아마도 다른 선교적인
공동체 역시—는 구제 사역에 뛰어들어야만 했다. 주후 48년경

에 예루살렘에서 열렸던 사도들의 회합에서 바울과 바나바에게 모금의 역할이 부여되었고, 바울은 이를 자신의 선교 공동체 안에서 성실히 충당할 수 있도록 노력했다. 이것들은 본 장에서 다룬 배경에서 이해될 수 있다. 바울은 예루살렘의 초대교회를 두 차례 "가난한 자들"이라고 명칭했다(갈 2:10과 롬 15:26). 이는 한편으로 분명히 종교적으로 명예로운 칭호이지만 동시에 이 공동체의 경제적 빈곤함을 가리키는 표현이기도 하다. 나중에 주류 교회로부터 분리된 팔레스타인과 시리아의 유대 그리스도인들은 '에비온파', 곧 '가난한 자들'이라는 명칭을 얻게 되었다.

제5장
바울과 이방 기독교의 선교공동체

5.1. 새로운 상황

우리는 바울의 선교 공동체와 초기 기독교의 후대 발전에서 '공동 재산'에 대한 종말론적-열광적 형태―예루살렘 초대교회에 대한 사도행전의 기술과 같은―를 더 이상 찾아볼 수 없다. 이는 임박한 종말을 기다리는 긴장감이 범세계적 선교사역으로 인해 완화된 것과 관련이 있다. 또한 예루살렘에서 시행되었던 '사랑-공산주의'는 유용한 체제가 아니었다. 우리가 쿰란공동체에서 확인할 수 있는 것과 같이 견고한 공동 생산체계가 없는 자유로운 형태에서는 '재산 공유'가 유지될 수 없었다. 여기에 물론 외압이 불가피했지만 강압하려고 하지는 않았다. 통상 최초기 기독교는 법적인 질서체계가 아닌 자유로우며 카리스마적인 공동체였다. 바울의 공동체 역시 엄격한 지도자를 가진 분명한 조직체계가 없었다. 그러한 것은 주후 약 1세기 말과 2세기에 들어 발생했다. 바울은 외부자들이 거리낌을 갖지 않도록 데살로니가교회 구성원들에게 노동을 함으로써 생계를 유지하라고 권면했는데, 이는 바울의 선교지에서도 역시 종말에 대한 열광적인 기대와 관련한 생계와 재산 문제가 어느 정도 지속적으로 영향을 미쳤음을 보여준다(살전 4:12; 참조, 5:14). 아마도 팔짱을 끼고 일은 하지 않은 채 다른 사람들의 도움을 받은 사람이 있었던 것 같다. 데살로니가후서에서는 이 권고가 강화되고 있는데(살후 3:7ff.), 이것은 소비에트 러시아의 헌법으로 받아들여진 조항들 중 가장 정상에 위치하고 있다. "일하기 싫어하거든 먹지도 말게 하라"(3:10).

적어도 바울의 친서들 속에는 가난과 부, 재산과 무소유에 대한 문제가 완전히 변두리로 밀려나있다. "부"(πλούσιος)라는 단어는 바울서신에 단지 한 차례 나타나는데, 그것도 선재하신 그리스도에 대한 것이기에 사회적인 맥락에서의 부를 말하는 것은 아니다(고후 8:9). 반면 "가난"이라는 용어는 자신을 지칭하는 한 곳에 나타난다(고후 6:10). 이 단어로 바울은 사도적 존재로서의 모순을 표현한다.

> 가난한 자 같으나, 많은 사람을 부요하게 하고
> 아무 것도 없는 자 같으나, 모든 것을 가진 자로다. (고후 6:10).

　바울 자신은 재산이 없었고, 선교사역 중에는 천막을 만드는 자로서 고된 노동을 통해 생계를 유지했다(행 18:3). 그는 공동체에게 자신을 돌보아주기를 부탁하지 않았지만(고전 9장), 자발적으로 도움을 준 것에 대해서는 감사를 표했다(빌 2:25ff.; 4:15ff.). 바울은 아주 극심한 궁핍에 익숙했기에 매우 궁핍한 가운데 있을 때에도 매우 기뻐했다(빌 4:11ff.).

5.2. 이방 그리스도인 공동체의 사회적 구조

　바울에 의해 세워진 공동체들도 넉넉하지 않았던 것은 분명하다. 고린도의 그리스도인들에게 다음과 같이 쓴 것처럼 말이다.

> 형제들아, 너희를 부르심을 보라.
>
> 육체를 따라 지혜로운 자가 많지 아니하며,
>
> 능한 자가 많지 아니하며 문벌 좋은 자가 많지 아니하도다.
>
> (고전 1:26).

　자주 인용되는 이 구절이 잘못 해석되어서는 안 된다. 바울은 '전혀 없다'라고 말한 것이 아니라 '많지 않다'라고 말했다. 이로부터 바울의 선교 공동체가 단지 프롤레타리아와 노예들로 구성되었다고 읽어내서는 안 되며, 바울을 유대의 가난의 경건을 변호하는 자로 이해해서도 안 된다. 두 세대 전 소아시아 비티니아의 통치자였던 소-플리니우스가 황제 트라야누스에게 쓴 편지는 이방인의 사도가 세웠던 공동체들에게도 이미 적용되는 것이었다. "모든 계층의 … 많은 사람들은 … (새로운 '미신'에 의해) 지금 위험한 상태에 있으며 미래에도 위험한 상태에 있을 것입니다"(*multi enim ... omnis ordinis ... vocantur in periculum et vocabuntur*). 말하자면, 기독교 공동체 구성원에는 모든 부류의 계층, 곧 노예와 자유민으로부터 지방 귀족, 십부장에 이르렀으며 경우에 따라서는 원로원급 귀족도 포함되었다. 도미티아누스 황제의 조카 플라비우스 클레멘스와 그의 아내 플라비아 도미틸라가 자신들의 유대화된 성향 때문에 화형된 것인지(Dio Cassius 67,14,1f.), 아니면 같은 이름을 가진 플라비우스 클레멘스의 질녀가 기독교로 개종한 것 때문에 처형된 것인지(Euseb, H. e. 3,18,3) 하는 논쟁은 오늘날까지도 지속되고 있다.[1] 이는 적어도 새로운 신앙이 몇몇 경우에 있어서 사회의 최상위 계층에게까지 급속도로 침투했을 가능성이 있다는 것을 보여준다. 그 증거는 2세기 후반에 다량으로 나타난다(본서 §9.2).

초기 기독교의 상당수는 고대의 소시민층으로, 유대교에 입

1.　P. KERESZTES, The Jews, the Christians, and the Emperor Domitian, VigChr 27 (1973), 1-28 (7ff.)를 보라.

교한 '하나님을 경외하는 자들' 역시 거기에 속했다.[2] 무엇보다
도 상류층 여성들도 있었다. 더욱이 주의해야 할 것은 바울의
사역이 뚜렷하게 도시에 집중되어 있었고 시골의 주민들에게는
거의 이르지 못했다는 것이다. 고대 도시들의 서민층은 시골에
서 교육을 받지 못하고 착취되는 소작농과 지주에게 예속된 농
부들보다는 더 나은 사회적 지위를 가지고 있었다. 플리니우스
는 새로운 분파의 위험한 공격성의 표지로서 "이 고질적인 미
신이 도시들뿐 아니라 시골과 변두리 지방에까지 확산된 것"
(Ep. 10,96,9)이라고 이야기했다. 하지만 이러한 현상은 3세기에
이르기까지는 예외였다. 바울의 자취 안에 남아있는 것은 기독
교의 신앙—고대에 전파되었던 다른 모든 종교들과 같이—이 우
선적으로 도시에서 우세했다는 것이다. 물론 우리는 여기에서
플리니우스의 도발적인 보도를 약 한 세대 후의 수사학자 아일
리우스 아리스티데스의 폄하와 비교해볼 수 있다. "저들은 신들
을 경배하지도 않고 도시들의 위원회에도 참석하지 않는다."[3]
하지만 이 언급은 그리스도인들이—마찬가지로 3세기까지—당
국의 공무와 관련된 종교적인 의무를 다하지 않았고, 그러한 업
무를 담당할 수 없었다는 것을 의미할 뿐이다. 기본적으로 바울

2.　행 13:43, 50; 16:14; 17:4, 17; 18:7.

3.　Or. 46 (ed. L. DINDORF, Aelii Aristidis Smyrnaei quae supersunt
　　omnia, Leipzig 1829, Bd. II,404).

의 편지들과 더 나아가 누가의 사도행전(본서 §9.2)에서도 소수의
상류층 그리스도인들이 언급된다. 여기에는 고린도의 재무관
에라스도(롬 16:23), 회당장 그리스보(행 18:8), 스데바나와 그 가족
들(고전 1:16; 16:15, 17), 지역의 사업체를 운영하면서 바울에게 일을
주었을 뿐 아니라 바울을 책임지기까지 했던 브리스가와 아굴
라(행 18:2, 26; 롬 16:3), 더 나아가 골로새에는 노예 오네시모를 거
느리고 있었을 뿐 아니라 "가정교회"를 주재했던 빌레몬(몬 1:2)
과 라오디게아의 눔바가 있었다(골 4:15). 이 목록들은 계속 이어
질 수 있는데, 이때 상류층 여성들의 역할이 간과되어서는 안
된다. 또한 아이들과 노예들을 포함하는 가족 공동체는 '가장'
이 세례를 받을 때에 관례적으로 함께 세례를 받았을 것이다.
이와 같은 상류층 그리스도인들과 그 가족 공동체는 바울의 사
역을 위한 거점을 제공함으로써 바울서신 안에 이름들이 언급
되었고, 또한 상대적으로 드문 예외의 경우였기에 주목을 받았
다.

　　바울 자신은 교회들이 보통 가난했다고 이야기하는데, 우리
에게는 이를 의심할 만한 증거들이 없다. 이처럼 그는 "마케도
니아 교회의 극심한 가난"(고후 8:2)에 대해 말했다(하지만 가난하다고
해서 예루살렘의 교회를 위한 특정 모금에 동참하지 못했던 것은 아니다). 그럼에
도 고린도교회에서 있었던 주의 만찬과 관련한 곤경은 부유한
자들과 가난한 자들 사이에 현저한 격차가 존속하고 있었음—

적어도 초기에는—을 보여준다(고전 11:20ff.). 몇몇 공동체 구성원
들이 '굶주렸던' 반면, 어떤 이들은 이 만찬을 디오니소스 축제
와 혼동하여 그 축제에서와 같이 행동하였다. 그리스의 대도시
와 항구도시에서 새로 개종한 헬레니즘적 이방 기독교인들은
저들보다 더 가난한 형제들을 위한 사회적 책임이 무엇인지를
배워야만 했다. 왜냐하면 헬레니즘의 종교들—계급에 따른 경
계가 매우 뚜렷하게 정해져 있었던—에는 그와 같은 책임이 거
의 없었기 때문이다. 또한 (주의 만찬을 디오니소스 축제와 혼동한 것과 같
이) 변호인 아풀레이우스도 고린도에서 이시스를 위한 제의에
상당량의 비용을 지불했고, 후에 로마에서는 추가적으로 오시
리스 제의에 비용을 지불했다. 이를 통해 아풀레이우스의 재정
은 파산에 이르기까지 했다.[4] 새로 일어난 종교의 세력 확장은
특히 그러한 식의 관습으로 인해 의심을 받곤 했으며, 바울도
이에 상응하는 혐의를 받았다(고후 2:17; 4:2; 11:13). 이것은 아마도
바울이 예루살렘의 사역자들과는 대조적으로 공동체의 도움을
통한 생계유지를 포기하고 자신만의 수공업을 통해 먹고 살았
던 이유들 중 하나일 것이다(고전 9:6, 13; 본서 §5.1을 보라). 바울은 윤
리적인 권고를 하면서 재산에 따른 차별을 완전히 철폐하도록
요구하기보다 능동적이고 적극적인 형제 사랑을 요구했다(고후

---

4.   Apuleius, Met. 11,22,2; 23,1; 24,6; 28,1ff.

8:13ff.). 이는 "균등하게(ἰσότης) 맞추기 위하여" 저들 중 '유복한 사람'이 형제들의 '빈곤'을 도와주어—어느 정도 예루살렘에서는—극복해야 한다는 말이다. 마찬가지로 어떤 바울서신의 권고에는 이미 유대교에서도 전통적인 요구였던 것, 곧 (다른 이들에게) 아끼지 않고 공급하면서 손님들을 잘 대접하라는 것이 나타난다(롬 12:13). 왜냐하면 "적게 심는 자는 적게 거두고, 많이 심는 자는 많이 거두기" 때문이다(고후 9:6-7). 사랑으로 베푸는 것은 형제들의 위기를 극복하게 할 뿐 아니라 수혜자들로 하여금 하나님께 감사의 찬송을 돌리게 한다(고후 9:12). 반대로 바울은 이른바 '악덕 목록'을 열거하면서 탐욕과 인색함에 대하여 경고했다(롬 1:29; 고전 5:10-11; 6:10; 고후 9:5-6). 나중에 골로새서는 이 악덕들을 바로 우상숭배와 직결시킨다(3:5).

5.3. 종말론에 따른 재산의 중요성 상실

예수나 예루살렘 초대교회와 마찬가지로 바울은 재림의 임박함을 통해 재산의 중요성을 종말론적으로 감소시켰다. "그 때가 얼마 남지 않았다"(고전 7:29). 바울에게는 현재와 재림 사이에 스페인까지를 포괄한 당시 전체 세계에 대한 선교 과업이 있었지만, 여전히 종말은 가까이 와 있었다.

밤이 깊고 낮이 가까웠으니,

그러므로 우리가 어둠의 일을 벗고 빛의 갑옷을 입자. (롬 13:12).

세금 납부에 대한 권고 절정부에 자리잡고 있는 국가 권세에 복종하라는 바울의 요구 역시 이 유보된 종말론에 비추어 바라보아야 한다(롬 13:7). 분명히, 그리스도를 통해 모든 신자들이 자유를 얻었고 하나님/이웃들과 화해하게 되었다. 국가와 민족, 계급, 재산—여기에 다른 것들을 추가할 수 있다—의 제한은 더 이상 유효하지 않다. 공동체 내에서 신자들은 잃었던 하나님의 형상을 회복하였다.

> 거기에는 더 이상 헬라인이나 유대인이나 할례파나 무할례파나 야만인이나, 스구디아인(추정되는 바 고대의 '미개인'; 본서 §1.2)이나 종이나 자유인이 차별이 있을 수 없다. 오직 그리스도는 만유시며 만유 안에 계신다. (골 3:11; 참조, 갈 3:28).

한 공동체를 설립한, 이 혁명적인 힘을 평가하기란 거의 불가능하다. 그때까지 고대 사회에서 결코 극복될 수 없다고 여겨졌던 한계들이 여기에서 극복되었다. 저들은 이미 실제로 자유를 얻었기에, 바로 그러한 이유로 노예들은 이제 더 이상 자유민이 되기를 갈구할 필요가 없었고, 이방인들은 유대교로 개종할 필요가 없었으며, 반대의 경우도 마찬가지였다. 그들은 단지

종말이 임박한 이 세상의 옛 억압—이제는 박탈당한—을 인정하
게 되었다. 바울은 이렇게 권면했다. "너희는 값으로 사신 것이
니 사람들의 종이 되지 말라. 형제들이여, 각각 부르심을 받은
그대로 하나님 앞에 거하라!"(고전 7:23-24). 이는 재산 문제에도 적
용이 된다.

> 장차 … (물건을) 사는 사람은 가지지 않은 것과 같이 하며, 세
> 상 (물건을) 이용하는 사람들은 다 쓰지 못하는 자 같이 하라.
> 왜냐하면 이 세상의 형태가 사라질 것이기 때문이다. (고전
> 7:29ff.).

여기에서 그때까지 당연했던 가치가 **전복**되는 것을 보게 된
다. 신자들이 (세상과) **'거리'를 둠으로써 얻게 되는 자유**는 주와 종말
의 임박함을 통해 촉진되었다. 오늘날 여기에 존재하거나 가치
가 있는 것은 삶에 있어서 참되거나 궁극적인 것이 아니며 인간
을 결정하는 힘도 아니다. 이때 우리는 예수가 선포한 "걱정하
지 말라"는 명령과 어느 정도 대응하는 바울의 진술을 보게 된
다.[5] 바울은 "주께서 (시간적으로) 가까이 계신다!"라는 약속에 이어
당연하다는 듯이 "염려하지 말아라"라는 권고를 덧붙인다(빌 4:5-6).

---

5.   참조, 고전 7:32ff.와 마 6:25ff. = 눅 12:22ff.

　　믿음으로 (세상과) '거리'를 둠으로써 얻게 되는 이 자유는 재림의 기대가 약화되면서 역사가 지속될 것—비교적으로—을 예상한 때에도 존속되었다. 이는 작은 기독교 '분파'에게 첫 3세기 동안 로마 국가 권력자들에 의한 모든 모욕이나, 압박, 박해를 견디고 이겨낼 힘과 외적인 폭력 없이 단지 내적인 말씀의 능력과 사랑의 행위를 통해 로마제국을 정복할 힘을 불어넣어 주었다.

　　이미 바울은 구원받은 현재 상태에 근거하여 세상-거리둠의 기초를 놓았다. "우리의 시민권은 하늘에 있습니다"(빌 3:20)—물론 이것은 재림을 통해서만 분명해진다. "거기로부터 우리는 구원하는 자, 곧 주 예수 그리스도를 기다립니다." 골로새서 3:3-4도 매우 비슷하다. "우리의 생명이 그리스도와 함께 하나님 안에 감추어졌습니다. 우리의 생명이신 그리스도께서 나타나실 그 때에 여러분도 그와 함께 영광 중에 나타날 것입니다"(골 3:3-4). 이는 재산과 소유에 대한 염려가 완전히 부차적인 것이 되었음을 분명하게 보여준다. 하지만 이 말은 동시에, '위협받고 있는 이 세상에서 더 나은 미래를 위해 우리는 무엇을 해야 하는가?' 하는 우리를 매우 감동시키는 물음이 초기 그리스도인들에게 아직 없었다는 것을 의미한다. 그들은 우리에게 소유의 문제 해결을 위한 실천적인 사회윤리적 대안을 제시할 수 없다. 기술 사회로 집약되는 우리의 세계화된 산업사회는 고대 말에 우세했던 사회구조와 비교함에 있어 아주 제한적이다. 정치적으로 의심을 받았고 미미한 소수에 속했던 첫 그리스도 인들은 윤리적인 행위로 당시 로마제국의 사회개혁을 추진할 수 없었고, 다만 억압하고 적대적인 환경 안에서 참된 사랑과 인간성으로 유지되는 **공동체 윤리**—하지만 동시에 분명히 "지나 가버릴"(고전 13:10)—를 세우려고 할 뿐이었다. 정치적인 권력에 게 기대할 수 있는 것은 기껏해야 관용—주후 311년이 되어서야 보장되었다—이었다. 사람들은 일반적으로 저들이 적그리스 도—마지막 때에 교회를 핍박하지만 그리스도의 재림을 통해 종언을 고하게 될—의 수중에 있다고 믿었다.

제6장
초기 기독교 공동체 윤리 안에서의
재산 문제 해결 시도

이상에 따르면, 초기 교회의 윤리는 전적으로 신자들의 공동체성과 관련 있는 공동체 윤리였다. 이는 재산 문제에도 적용된다. 재산 문제는 기독교 공동체 내부에서 계속해서 해결—노예 문제와 마찬가지로—되고 있었던 것처럼 보인다. 바울은 탈주한 노예 오네시모를 주인인 그리스도인 빌레몬에게 돌려보내면서, 빌레몬에게 이 도망친 노예를 형제와 동일한 권리를 가진 자로 받아들이라고 권면한 바 있다. (2세기 초) 시리아에서 쓰인 『디다케』는 (재산 문제에 대해) 다음과 같이 간단명료하게 요청한다.

궁핍한 자들을 거절하지 말고, 모든 것을 여러분의 형제와 함

께 공동으로 사용하며, 그것이 자신의 것이라고 말하지 말라.[1]

이러한 태도는 기독교 공동체 안에서 고대의 것을 추구하는 새로운 구조를 창출해냈다. 나그네들은 환대를 받았다(히 13:2; 클레멘스1서 10-12). 일할 능력이 있는 사람들은 일에 대한 권리를 가졌고, 일을 할 수 없는 사람들은 충분히 지원을 받았다. 기독교 '철학자' 아리스티데스는 (주후 125년경) 하드리아누스 황제에게 첫 번째 변증서를 바쳤는데, 여기서 기독교의 새로운 사회적 태도를 정감어린 언어로 짤막하게 요약했다.

그들은 만사에 있어 겸손과 친절함으로 생활합니다. 거짓이란 그들에게서 찾아볼 수 없습니다. 그들은 서로를 사랑합니다. 그들은 과부들을 멸시하지 않으며, 고아들을 학대하지 않습니다. 가진 자는 가지지 못한 자에게 기꺼이 내어줍니다. 이방인들을 보면 자신들의 집으로 데려다가 실제 형제에게 하듯이 그들로 인해 기뻐합니다. 그들은 혈육에 따라 형제를 지칭하지 않고 하나님과 영에 따라 (형제로) 부릅니다. 그들 중 가난한 자가 세상을 떠나게 되었다는 것을 알게 되면 그들 중 누군가는 자신의 능력껏 장례를 치러줍니다. 그리고 그들 중 누군가가 그리

---

1.   Did 4,8.

스도의 이름으로 인해 붙잡히거나 위협을 받는다는 사실을 들
으면, 모든 사람들이 그의 필요를 돌아보며 가능한 한 구해줍
니다. 그리고 그들 중에 누군가가 가난하거나 곤궁한 사람이
라면 여분의 물자가 없더라도 그들의 필요한 양식을 채우기
위해 이틀에서 사흘을 금식합니다. (15,7-8).

위에서 언급한 위-클레멘스의 작품(본서 §1.1)에는 공동체를
위한 사회적인 대책과 거의 같은 것을 표명하고 있다.

무학자에게 긴급한 생활비를 벌기 위한 수단을 마련하고, 일
할 수 있는 자에게 일을 주며, 일할 수 없는 사람들은 자비의
마음으로 돌보아라.[2]

카르타고의 주교이자 순교자인 키프리아누스(~주후 258)에게
있어서, 공동체가 그리스도인으로서 자신의 직업을 포기했던,
그리고 생활비를 벌기 위해 교사로서 연기를 가르치는 것이 금
지—항상 이교적인 신화와 결부되어 있었기에—되었던 한 연극
인을 위급한 상황에 돌보는 것은 당연했다. 물론 이때 제한되는
것도 있었다.

---

2.   Ep. Clem. 8,6 (GCS 42, 12).

무엇보다도 그는 간소한 음식으로 족해야 하며, 그가 자신의
과오(이교적 신화와 관련된 연극일—역주)를 떠난 것에 대한 피해가
보상되어야 한다고 주장해서는 안 된다. 그것이 우리에게가
아니라 그에게 유익이 되기는 하지만 말이다. 어쨌든 그가 자
신의 직업을 통해 여전히 그렇게 큰 이득, 곧 사람들을 아브라
함과 이삭과 야곱의 식탁에서부터 쫓아내 세상에서 화와 멸망
으로 살찌우게 하는 것을 추구하려 했다면 … ?" (언급된) 그 공
동체가 너무 가난할 경우, "그는 (카르타고에 있는) 우리에게 올
수 있으며 여기에서 당장에 필요로 하는 음식과 옷을 받을 수
있다. (Ep. 2,2).

주후 약 250년경 로마 교회는 꾸준히 1,500여명의 빈민을
도왔던 반면, (로마 교회) 성직자는 단지 100여명에 불과했다.[3] 이
로부터 약 80년 전에 고린도의 감독 디오니시우스는 이미 로마
교회의 이러한 자선사업이 이 공동체의 가난에만 한정되지 않
고 로마의 경계 밖으로까지 확산되었다는 것을 증거하고 있다.

처음부터 여러분은 모든 형제들을 다양한 방식으로 돕고 모든

3.　Euseb, H. e. 6,43,11.

도시에 있는 **공동체들을 지원하는 관습**을 가지고 있었습니다. 여
러분은 여러분들이 보낸 이 선물들을 통해 … 가난한 자의 필
요를 채우고 (국가의 강제부역을 하는) 광산에 있는 형제들을 돕
고 있습니다.[4]

이그나티우스(주후 약 116년)는 이미 로마교회를 "사랑 안에서
인도"하는 것으로 묘사하면서 이 로마의 관습에 대해 암시했다
(IgnRöm, proem). 우리는 2-3세기 로마 그리스도인들의 다방면적
이고 효과적이며 전통적인 자선행위를 단순히 교회의 강권정책
으로 설명할 수 없다. 이 이면에는 기독교 신앙에 내포된 진정
한 연대성이 있었다. 이러한 자발성은 성직자들이 요구하지 않
았던 것과 일맥상통한다. 오리게네스는 고린도전서 9:14를 통
해 성직자들이 부양받을 권리를 강조하면서도 동시에 저들이
아주 필요한 것만 요구해야 한다고, 곧 가난한 자들이 받는 것
보다도 더 많이 받아서는 안 된다고 덧붙인 바 있다. 가난한 자
들이 아무것도 빼앗기지 않도록 말이다.[5]

재난이 있을 때에 이 자선은 경계가 없었다. 주후 253년 야
만적인 유목민들이 누미디아를 황폐화시키면서 많은 그리스도

---

4.   Euseb, H. e. 4,23,10.

5.   Harnack, Die Mission lind Ausbreitung des Christentums, 2 Bde.,
       Leipzig ²1924, Bd. I, 182f.

인들이 끌려갔을 때, 그렇게 크지 않은 카르타고 공동체에 속했던 키프리아누스—그는 자신이 공동체의 모든 구성원들을 알고 있다고 주장한 바있다—는 난민들을 위해 즉각 100,000 세스테르티우스(로마의 화폐단위—역주)를 모금했다(Ep. 62). 비슷하게 카르타고와 알렉산드리아, 또 다른 장소로부터 전염병이 돌았을 때에도 상당량의 자선기금—특히 이교도들에 대한—이 모아진 것이 우리에게 보도된다.[6] 이와 같이 이타적이고 광범위한 도움은 로마제국이 정치적·사회적인 위기로 빠져들어간 2세기 후반부터 더욱 큰 영향력을 발휘했으며, 3세기 중반에는 절정에 이르렀다. 4세기, 기독교에 적대적이었던 황제 율리아누스(배교자, 361-363)는, 당시 이교 문화 속에서 가난한 자를 위한 복지제도를 개혁하는 데에 힘을 쏟았지만 완전히 실패했던 반면, "신을 무시하는 갈릴리 사람들(기독교인들)이 자신들의 가난한 자들 외에도 우리들(이교도)의 가난한 자들까지도 먹였던 것"에 대하여 갈라디아의 이교 대제사장 아르사키오스를 질책한 바 있다.[7] 이처럼 초기 기독교 공동체들은 자기 내부와 외부에서 빈곤함을 제거해 나가면서 동시에 외부자들에게 호감을 불러일으켰다. 이교 세계에서 그러한 폭넓은 도움은 낯선 것이었기 때문이다.

하지만 실제 **공동 재산**은 공동체들 사이에서 더 이상 결정적

---

6. Ebd., 195ff.
7. Ep. 84 (p. 430d BIDEZ).

인 역할을 수행하지 못했다. 이미 언급했듯, 공동 재산은 조직화된 강압 없이는 결코 가능하지 않았다. 이에 대한 급진적인 요구는 단지 영지주의의 창설자 카르포크라테스의 아들 **에피파네스**와 같은 외부 인물에게서만 제기될 뿐이었다. 에피파네스는 두 가지 소명 의식, 곧 자연법에 대한 철학적 가르침과 바울 서신에 나타난 자유라는 기치 아래에서 소유의 완전한 평등을 요구했다.

> "하나님의 정의는 일종의 평등에 근거한 공동체를 뜻한다. … 왜냐하면 그분은 부와 가난을 차별하지 않기 때문이다." 하지만 인간의 특정 법들은 하나님의 명령에 반대된다. "(하나님의) 율법이 인간의 무지를 벌할 수 없던 때에(이는 저자가 롬 7:7을 기초로 한 명제다), 인간의 법들은 (하나님의) 율법과 상충됐다."[8]

에피파네스는 고대의 유토피아를 동경하면서 아내 역시 공유할 것을 지지했다. 즉, 재산 소유가 도둑질을 향하듯 독점적인 배우자 관계는 간음으로 향하게 되어 있다는 것이다. 하지만 17세에 죽은 것으로 추정되는 알렉산드리아 지성인의 이러한 영지주의적 바울주의는 아무 영향을 미치지 못했다. 그는 단지

---

8.   Clemens Alexandrinus, Strom. 3,6, I.

반-영지주의 교부와 반대파들의 관심의 대상이 될 뿐이었다. 이 재산 공유는 완전히 다른 이유에 근거하여 4세기 초 이집트 공동수도원의 수도사들(koinobitischen Mömchtum)에게서 다시 나타났다. 여기서 복음서에 나타나는 "불의한 재물"에 대한 급진적인 비판이 다시 살아났다. 이때 다른 영향들, 곧 테라페우테스(1세기 초 이집트의 신비주의적 금욕주의자—역주)의 유대 분파—팔레스타인의 엣세네파에 해당하는 이집트의 분파—에 대한 기억들이 어떤 역할을 했는지는 미지수다. 그러한 재산 공유는 개개인이 '수도원장'이나 수도원회에 완전히 복종할 때에 가능했다는 사실이 중요하다.

기독교 공동체들이 사회적인 '문제'를 자기들만의 영역에서 고대에 통용되는 독특한 방식으로 해결하려 한다 해도, **기본적인 필요를 넘어서는 재산의 정당성 여부에 대한 질문**, 곧 '부'와 그리스도인들의 삶이 공존할 수 있는가에 대한 문제는 여전히 열린 채로 남아있다.

이에 대한 대답은 단편적이기보다 다양한 방향성을 가지고 있었다. 우리는 그 대답을 다음의 세 가지 양상으로 제한하고자 한다. 재산에 대한 급진적인 비판(7장), 자족에 대한 철학적-금욕주의적 모티프(8장), 그리고 효과적인 균등함으로의 절충(9장)이 그것이다.

제7장
묵시적 기독교와 그 전통의
재산에 대한 비판

7.1. 냉소적인 묵시론적 반박의 영향

무엇보다도 팔레스타인 유대-기독교의 묵시적인 경향을 보존한 이 공동체는 부함을 어떤 면에서 냉소적인 형태로 비난했다. 구체적으로 야고보서는 상류층 부자들이 공동체 모임에서 가난한 자들 위에 앉으려는 행태를 신랄하게 비판했다.

> 하나님이 세상에서 가난한 자를 택하사 믿음에 부요하게 하시고, 또 자기를 사랑하는 자들에게 약속하신 나라를 상속으로 받게 하지 아니하셨느냐? … 부자는 너희를 억압하며 법정으로 끌고 가지 아니하느냐? 그들은 너희에게 대하여 일컫는 바 그 아름다운 이름을 비방하지 아니하느냐? (약 2:5-7).

야고보서 저자는 또한 부자들에 대해 비탄하는데, 이는 유대 예언자들과 묵시가들의 반박을 상기시킨다.

> 들으라, 부한 자들아! 너희에게 임할 고생으로 말미암아 울고 통곡하라. 너희의 재물은 썩었고, 너희의 옷은 좀먹었으며, 너희 금과 은은 녹이 슬었으니, 이 녹이 너희에게 증거가 되며 불 같이 너희 살을 먹으리라. … 보라, 너희 밭에서 추수한 품꾼에게 주지 아니한 삯이 소리 지르며 그 추수한 자의 우는 소리가 만군의 주의 귀에 들렸느니라. 너희가 땅에서 사치하고 방종하여 살륙의 날에 너희 마음을 살찌게 하였도다. 너희는 의인을 정죄하고 죽였으나 그는 너희에게 대항하지 아니하였느니라. (약 5:1-6, 개역).

이 구절은 팔레스타인의 농가에 살던 평민들에 대한 억압과 저들의 비통함을 동시에 표현하고 있다. 이는 최초기 기독교가 다른 무엇보다도 사회비판적 운동—자체 혁명에 의한 것이 아니라, 압제자들을 하나님의 법정에 인계하는 방식이기는 하지만—이었다는 것을 보여준다.

우리는 **요한묵시록**에서도 이와 유사한 논조를 발견할 수 있다. 여기에서, "예수를 증언한 이유로" 밧모섬에 유배된 예언자(1:9)는 적그리스도의 권세 아래에 있는 로마제국의 불경함의 극치를 보았다. 이 적그리스도는 교회의 경제적인 참여를 막기에 이르기까지 무자비하게 박해했다(13:16-17). 바벨론 음녀—세계 도시로 불리는, 일곱 개의 언덕을 통치하던 로마—의 몰락은 작열하는 색채로 묘사된다. 동시에 바벨론의 몰락은 거대한 부의 종언을 의미했다. 이때 '사치스러운 경제'에 대한 경멸을 분명히 들을 수 있다.

> (화 있도다. 화 있도다. 큰 성, 견고한 성 바벨론이여. 한 시간에 네 심판이 이르렀다 하리로다.) 땅의 상인들이 그를 위하여 울고 애통하는 것은 다시 그들의 상품을 사는 자가 없음이라. 그 상품은 금과 은과 보석과 진주와 세마포와 자주 옷감과 비단과 붉은 옷감이요, 각종 향목과 각종 상아 그릇이요, 값진 나무와 구리와 철과 대리석으로 만든 각종 그릇이요, 계피와 향료와 향과 향유와 유향과 포도주와 감람유와 고운 밀가루와 밀이요, 소와 양과 말과 수레와 종들과 사람의 영혼들이라. … 바벨론으로 말미암아 치부한 이 상품의 상인들이 그의 고통을 무서워하여 멀리 서서 울고 애통하여 이르되, '화 있도다. 화 있도다. 큰 성이여. 세마포 옷과 자주 옷과 붉은 옷을 입고 금과 보석과 진주로 꾸민 것인데 그러한 부가 한 시간에 망하였도다!' (계 18:10-17, 개역).

전 세계를 호령하는 도시의 향락에 빠진 문명은 하나님의
심판으로 인해 멸망한다.

> 너의 상인들은 땅의 왕족들이라. 네 복술로 말미암아 만국이
> 미혹되었도다. 선지자들과 성도들과 및 땅 위에서 죽임을 당
> 한 모든 자의 피가 그 성 중에서 발견되었느니라 하더라. (계
> 18:23-24, 개역).

여기에 나타나는 부와 사치에 대한 완강한 거부는 세상 권
력—기독교에 대한 유혈 박해로 자신들의 유사종교적인 황제
숭배를 받아들이도록 강요하는—에 대한 냉소적인 반감과 관련
된다. "로마의 자본주의 세계와 국가에 사형선고가 내려졌다."[1]
물론 이때 도발적이고 열렬한 논조, 곧 대적의 예정된 패배에
대한 기쁨이 간과될 수 없다. 이 점에 있어서 초기 기독교의 일
반적인 소망은 공식적인 유대 기도문에서 '불경한 통치'의 몰락
을 기대하는 유대 묵시문학과 밀접하게 관련이 있다. 그외에도
불경건하고 무자비한 제국의 고통이 지옥에 대한 묵시문학적인
묘사로 즐겨 기록된다.[2] 이때 저들의 소망의 '반대 형태'로서 완

---

1.   PÖHLMANN, Geschichte (Anm. 55), Bd. I3, 492.
2.   베드로의 묵시록 30; 도마행전 56; 시빌라의 신탁 2:252ff.; 참조, 앞서
   다룬 눅 16:23ff.

전히 실제적인 낙원 모습이 그려진다. 이와 같은 것이 유대-기독교적인 시빌라의 신탁에 나타나는데, 여기에서 묵시적인 모티프가 황금기에 대한 꿈과 결합된다.

> 포도주와 우유와 흐르는 꿀로부터 샘이 발원한다.
>
> 땅은 모든 사람에게 동일하게 주어지고,
>
> 벽과 울타리를 통해 땅이 분배되지도 않는다.
>
> 온전히 스스로 더 풍성한 열매들을 낼 것이며,
>
> 생활에서 주인이 없는 부를 공유하고,
>
> 거기에는 더 이상 거지가 없으며, 종도, 지배자도 없다.
>
> 왕이나 통치자도 없다.
>
> 모든 사람이 공유하는 삶을 산다.[3]

'통치로부터의 자유'에 대한 꿈은 현대의 발명품이 아니다.

7.2. 공동체 내에서의 부에 대한 근본적인 비판

하지만 공동체 내에서도 평균 이상의 소유가 걸림돌로 남아있었다. 2세기 초 로마에서 기록된 **헤르마스의 묵시록**(Vis. III 6,5-7)에서는 공동체 안의 부자들을 교회를 건축하기에 적합하지 않은 둥

---

3.   시빌라의 신탁 2:318-324; 번역, A. KURFESS.

근 돌로 묘사한다.

> "위기가 다가오면 그들은 자신들의 부와 사업을 지키기 위해
> 주님을 부인한다." 헤르마스가 물었다. "언제 그들이 [교회를]
> 세우는 데에 필요하게 될까?" 그는 대답을 들었다. "그들의 기
> 쁨이 되는 부가 그들로부터 '떨어져 나갈 때' … 그들은 하나
> 님을 위해 필요한 존재가 될 것이다. 왜냐하면 둥근 돌이 잘려
> 나가지 않고 사면을 잃지 않으면 둥근 돌이 사각 벽돌이 될 수
> 없는 것처럼, 그렇게 부자들은 그들의 부가 떨어져 나가지 않
> 으면 이 세상에서 주님을 위해 쓸모가 없을 것이다."

로마에서 소상공인으로서 자신의 소유라 부를 수 있는 것을
가지고 있었던 이 책의 저자는 스스로를 "부자"로 간주하며, 자
신의 사업으로 인해 하나님과 분리되었다고 이야기한다(Vis. II
3,1; 참조 III 6,7). 왜냐하면 "부"가 그를 반드시 완전한 타락으로 이
끄는 것은 아니지만 "진리에 대해 눈이 멀고 둔감하게 만들기"
때문이다. 그래서 그는 거기에서 "잘려져야만 했다"(Sim. IX 30,3-
31,2).

나그 함마디에서 발견되었고 비로소 근래에 출판된 외경 작

품인 『베드로와 열두 사도들의 행적』에서는[4] 베드로와 열두 사도가 가난한 자를 구원하도록 보냄을 받는 것으로 나타난다. 이때 저들은, 그리스도를 추구하지 않고 "도리어 자신의 부와 다른 사람들을 멸시하기를 즐거워하였던 도시의 부자들"과 결코 상종해서는 안 됐다. 공동체 안에서 부자들을 특별 우대하는 것은 오직 죄의 유혹을 야기하는 것일 뿐이었다(『베드로와 열두 사도들의 행적』 11-12).

이러한 식의 비판적 언급은 우리가 원한다면 계속 나열할 수 있다. 여기에 하나님을 "부자들을 경멸하는 분이자 가난한 자들의 변호자"로 묘사했던 엄격한 테르툴리아누스도 속한다(Adv. Marc. 4,15). 실로 완전히 가난한 자였던 그리스도는 "가난한 자들을 언제나 의롭게 여겼고 부자들을 본래부터 저주했다"(De pat. 7,2-3). 부하고 사치스러운 귀부인들에게 교회는 경멸스럽고 보잘 것 없는 것으로 보였다. "하나님의 집에서 부자를 찾기는 어렵다." 물론 그들이 있다는 사실 자체를 테르툴리아누스도 부인할 수는 없었다(Ad ux. 2,8,3; 본서 §9.1). 변증가 테르툴리아누스가 가졌던 그리스도인으로서의 자의식은 사회비판가와 잘 어울린다.

---

4. M. KRAUSE/P. LABIB, Gnostische und Hermetische Schriften aus Codex II und Codex VI, Glückstadt 1971, 107ff.; 참조, ThLZ 98 (1973), 13ff.

이교도 가족들에게 있어서 가족의 재산 문제와 관련할 때, '보통 형제관계가 소원해지지만 몸과 마음이 하나인 우리들은 우리의 재산을 서로 나누어 갖는 데에 망설임이 없다. 우리에게 속한 모든 것들은 아내를 제외하고 공동의 것이다.'[5]

그렇지만 이하(본서 §9.3)에서 다룰 예배의식에서의 헌금은 테르툴리아누스에게서도 역시 진정한 의미의 '재산 공유'를 전제할 수 없음을 보여준다. 사치와 유흥과 겉치레에 대한 그의 신랄한 비판은 주후 200년경에 카르타고에 있는 기독교 공동체에도 이미 그러한 죄들이 있었음을 의미한다.

약간 후대의 변증가 미누키우스 펠릭스는 마치 견유철학자들 중 하나인 것처럼 부를 경멸하는 그리스도인들의 근거를 설명했다.

갈망하지 않을 때 우리는 모든 것을 가진다. 마찬가지로 부함에 따른 부담에 탄식하지 않고 가난으로 자신을 가볍게 하여 삶의 여정을 가는 사람이 더욱 행복하다. 물론 부가 필요하다고 생각한다면, 우리는 부함을 하나님께 구할 수 있다. 모든 것을 가지고 계신 분은 쉽게 우리에게 약간의 부를 나누어주실

5. Tertullian, Apolog. 39,10-11; 참조 Diognet 5,7.

수 있다. 그렇지만 우리는 그 재화들을 축적하기보다 기꺼이 멀리할 것이다. 우리는 무죄함을 더욱 좇으며, 더욱 인내에 힘쓰고, 부하기보다 선하기를 더욱 바랄 것이다.[6]

7.3. 금욕주의적 모티프

부를 거부함에 있어서, 계속되는 교회 발전에 항상 큰 의미를 가지고 있었던 **금욕주의적인 모티프**가 매우 분명히 나타난다. 에우세비우스는 고대 교회의 가장 위대한 신학자들 중, 아우구스티누스 외에 오리게네스 역시도 나이가 들도록 극심한 가난 가운데 살았다고 보도했다(H. e. 6,3). 『디다케』에 따르면(Did 11,5ff.), 주후 2세기 초 시리아에서는 이미 소유를 가지지 않고 방랑하던 금욕주의자가 있었다. 가난이라는 이상을 추구하는 금욕주의가 3세기 초 시리아 교회로부터 유래한 묵시문학적인 도마행전에 더욱 강하게 나타난다.

> 예수의 쌍둥이 형제 도마는 "빵만을 소금과 곁들여 먹었고 물만 마셨다. 그리고 그는 (단지) 한 벌의 옷만 입었고 … 어느 누구에게서도 아무것도 취하지 않았으며, 그가 가진 것은 모두 다른 이들에게 주었다."[7] 하나님은 그를 "세상의 가난으로 인

6.　Minucius Felix, Oct. 36,5f. (번역, B. KYTZLER).

7.　20장 (E. HENNECKE/W. SCHNEEMELCHER, Neutestamentliche

도하셨고 (그렇게) 진정한 자유로 초대하셨다." 그는 하나님의
명령에 의해 "가난하고, 궁핍하며, 이방인과 같이, 노예와 같
이, 멸시천대를 받고, 사로잡히고, 굶주리고, 목마르며, 헐벗고
곤한 자"가 되었다.[8] 여기에서 급진적인 "이미타티오 크리스
티"(*Imitatio Christi*: '그리스도를 본받아') 모티프를 분명하게 볼 수
있다. 그리스도는 이미 "자신의 완전히 흉한 모습을 통해, 그
리고 자신의 가난과 궁핍함을 통해" 귀신들을 속였기 때문이
다.[9] 탐욕과 부, 포식에 반박하는 도마의 설교는 염려하지 말라
는 예수의 선포를 지향하고 있다. 하지만 도마의 설교에는 동
시에 예수의 메시지에는 나타나지 않는 것도 있다. "이 땅에
남겨진 부와 땅으로부터 (와서) 낡아지는 소유는 … 육체 자체
를 부양한다." 즉, 부는 사람들을 지나갈 것들에 매이게 한다.[10]
그래서 이 사도의 선포에서 성욕의 절제는 더욱 중심적인 위
치를 차지한다. 도마는 실제로 재산을 근본적으로 완전히 포
기할 것을 요구하는 것이 아니라,[11] 자선의 행위를 요구한다.[12]

Apokryphen in Übersetzung, Bd. 11, Tübingen [3]1964, S. 316); 참조, 62.
96. 136장 (S. 334.345. 360).

8.　114-115장 (S. 164).

9.　45장 (S. 327); 참조, 47장 (S. 328). 이에 대해 하나님의 종, 사 53:2-3
　　을 보라.

10.　37장 (S. 324); 참조, 117장 (S. 354).

11.　60, 100장 (S. 333, 347).

12.　66장 (S. 335f.); 참조, 83-85장 (S. 342f.).

오직 이 사도만이 철저하게 소유를 가지고 있지 않았다. 도마
는 새로 형성된 공동체에서 다른 것들보다도 먼저 집사들(Dia-
kone)을 통해 관리되는 사회복지기관을 세워 가난한 자들을 도
왔다.[13] [도마가] "많은 사람들—명망이 있는 사람들 중에서
도—에게" 신뢰를 얻었다는 사실이 확실하게 강조된다.[14] 최고
위 관리, 곧 전쟁사령관 시포르가 자신의 집을 이 사도에게 맡
기고 개종하여 공동체의 장로와 지도자가 됐다는 기록은 우연
이 아니다.[15]

이 독특한 작품은 공동체 안에 놓여있는 상황에 따라 갈라
진 해석을 보여준다. "이미타티오 크리스티"(그리스도를 본받아)를
추구했던 설교자들이나 소수의 '완벽한 자들'에게는 급진적인
소유 포기가 기대되었던 반면, 공동체—부유한 자들도 많이 속
해있었던—에 대해서는 부를 멀리하고 가난한 자들을 도울 것
이 요구되었다. 그들은 이로써 자신들이 더 이상 지나가 없어질
물질세계가 아니라 보이지 않는 그리스도의 통치 세계에 속해
있음을 증명했다. 급진적인 것으로 이해되고 이원론적인 것으
로 해석되었던 예수의 요구는 더 이상 모든 그리스도인들에게

---

13. 59장 (S. 333).
14. 164장 (S. 371).
15. 131, 170장 (S. 359, 372)

적용되지 않았다. 이 요구는 소수의 두드러진 금욕주의자들에게로 옮겨갔다.

3세기 말엽부터 이집트에 기독교 은둔자 사상이 발생했다. 이로부터 얼마 후에는 특히 파코미우스의 영향을 받아 은둔적 수도원 공동체가 발생했다. 여기에서 소유 포기와 재산 공유 실현에 대한 새로운 가능성들이 열렸다. 엣세네파(본서 §1.3)가 모델로 삼았던 '천사와 같은 생활'이라는 과거의 금욕주의적인 이상과 더불어 가난한 자들과 아픈 자들을 도우려는 사회적인 동기 역시 다방면에서 효과적으로 작용했다.[16] 수도원은 사실상 교회와 부가 더더욱 밀접하게 결부—아마도 역사상 어떤 특별한 필요 때문이지 반드시 기독교의 안녕을 위한 것은 아닌—될 때에 새로운 생활 형태를 만들어내었다. 즉, 수도원의 신앙은 세상, 특히 소유에 대한 비판적 거리를 유지할 것을 요구하였고, 경우에 따라서는 당시에 발생한 '제국교회'에도 반발했다. 위대한 교부들, 곧 바실리우스, 나지안주스의 그레고리우스, 밀라노의 암브로시우스의 사회 비판적인 설교와 저들이 강조한 소유에 대한 공동체의 책임은 수도원의 새로운 금욕주의적인 이상이 없었더라면 결코 생각할 수 없었을 것이다.

---

16. P. NAGEL, Die Motivierung der Askese und der Ursprung des Mönchtums (TU 95), 1966,34ff. 75ff.

제8장
자족에 대한 대중철학적 이상

8.1. 대중철학의 영향과 바울

우리는 이미, 초기 기독교의 사유재산 비판에 있어서 금욕주의에 대한 언급과 관련하여 이어지는 모티프, 곧 **내적 자유에** 대한 요구를 다룬 바 있다. 이미 바울은 이 테제를 대변했다.

> 모든 것이 내게 가하나 다 유익한 것이 아니며, 모든 것이 내게 가하나 내가 무엇에든지 얽매이지 않을 것이다. (고전 6:12).

바로 이러한 이유로 바울은—거의 견유 방랑철학자인 것처럼—자신의 자족을 강조했다.

> 나는 어떠한 형편에든지 자족(αὐτάρκης)하기를 배웠다. 나는 비천에 처할 줄도 알고, 풍부에 처할 줄도 알아, 모든 일 곧 배부

름과 배고픔과 풍부와 궁핍에도 처할 줄 아는 일체의 비결을
배웠다. (빌 4:11-12).

추정컨대 '자족'(αὐτάρκεια, 본서 §1.3)에 대한 이러한 강조는 유
대의 지혜문학적 이상과 그리스의 대중철학 사상이 결합한 결
과로 보인다. 쉽온 벤 조마(주후 100년경)는 피르케 아보트 4:1에
다음과 같은 정의들을 제시한다.

> 누가 강한가? 자신의 격정을 다스릴 수 있는 사람이다. … 누
> 가 부유한 자인가? 자신의 몫에 만족하는 사람이다. 성경에 이렇
> 게 기록되어 있기 때문이다(시 128:2). "네가 네 손으로 수고한
> 대로 먹을 것이라. 네가 복되고 형통할 것이다." 랍비 전설에
> 는 남쪽 땅의 최고 장로가 알렉산드로스 대왕과 대화할 때에
> 이런 말을 하고 있는 것으로 나타나는데(bTamid 32a), 이는 대
> 왕의 제안에 대한 첫 견유학자인 디오게네스의 유명한 대답과
> 비교될 수 있다. "네가 원하는 것은 무엇이든 구하라!" "나의
> 햇빛을 가리지 말아 주십시오!"[1]

그렇지만 철학적 이상과 바울 사이에는 실제적인 차이가 존

---

1.   Diogenes Laertius 6,38

재한다. 소크라테스의 학생이자 디오게네스의 선생이었던 안티스테네스는 처음으로 "지혜로운 자는 자족한다(αὐτάρκης)"라는 명제를 이야기했고(Diogenes Laertius 6,11), 그의 발자취를 후대의 견유학자 크라테스—노예해방을 선언하고 자신의 재산을 포기하였으며 그것을 나누어주었던—가 따랐다고 전해진다.[2] 완전한 자족에 대한 이러한 금욕주의적 이상은 소크라테스로부터 기인했다. 보수적이며 유복한 지방 귀족이었던 크세노폰은 자신의 스승 소크라테스를 다음과 같이 드높였다. "그는 아주 검소했으며 완전히 자족하며(αὐταρκέστατα) 살았다. 또한 모든 쾌락(ἡδοναί)에 대해 극도로 삼가는 모습(ἐγκρατέστατον)을 보였다"(Mem. 1,2,14). 이것을 소크라테스의 입으로부터 나온 것으로 기록하기도 했다. "나는 아무것도 갈망하지 않는 것이 신성한 것이라고 믿는다. 그리고 가능한 한 적게 필요로 하는 것이 그 다음에 오는 신성함이다"(1,6,10). 주후 4세기 교부들 중 한 명도 이러한 식의 견해를 피력했다. 여기에서 분명하게 확인되는 바 모든 소유에 대한 급진적인 반발은 오직 이성으로만 인도되었던 철학자들의 자율적인 자기실현에 기여했다. 그렇지만 바울과 초기 기독교에 있어서 소유 포기의 목적은 **자유** 자체를 얻는 데에 있었던 것이 아니라 그 자유를 가지고 **하나님의 것들을** 섬기고 복음을 전

---

2. M. HENGEL, Nachfolge und Charisma (BZNW 34), Berlin 1968,32 = DERS., KSV (Anm. 37), 69.

하며 이웃에게 봉사하는 데에 있었다.

물론 '역사 속 소크라테스'의 주장도 철학적 이상이라기보
다 바울의 '섬김을 위한 자유'에 가까웠다고 보는 것이 충분히
가능하다. 플라톤의 『소크라테스의 변론』(23b/c)에서 소크라테
스는 델피의 신에 의해 사람들의 무지를 깨우치라는 명령을 받
았을 때 이렇게 대답했다. "저는 신을 섬기는 일로 인해 나랏일이
나 개인사를 처리하지 못하고 도리어 가난에 허덕이고 있기에, 그
일을 할 여력이 없습니다."

기독교 변증가이자 호전적인 금욕주의자 타티아누스는 '자
족'을 요구하는 이교 철학자들을 즉각 비판하면서 자신의 확고
한 관점을 드러낸다.

> 너희, 아주 저명한 철학자들 중 누가 허풍을 기피하는가? 자신
> 의 나무 밥그릇을 자랑하고 자신의 자족을 내세웠던 디오게네
> 스는 해조류를 날로 삼켰다가 장에 고통이 오는 병에 심하게
> 걸려 죽었다. 자주색 외투를 걸치고 다녔던 철학자 아리스팁
> 포스는 위선적인 호색가였다. 플라톤과 그의 철학은 식탐으로
> 인해 디오니시오스(2세, 시라쿠사)에 의해 버림을 받았다(Or. ad
> Graecos 2,1ff.). "죽음을 하찮게 여기라고 가르치고 자족을 연습
> 하는 너희는 이러한 것들에 대해 모르기 때문에 지식을 가지
> 고 있는 우리들에게 배울 수 있다. 너희 철학자들은 금욕에 대

해 하는 바가 별로 없어서, 몇몇은 로마 황제로부터 매년 600
개의 금화를 헛되이 받는다. 그들은 대가 없이는 수염이 길게
자라도록 놔둘 필요도 느끼지 못한다. (19.1f.).

타티아누스의 엄격주의에 따르면, "무지를 깨우치는 것을
… 행복으로 정의하고" 이에 따른 당연한 귀결로 아리스토텔레
스와 그를 따르면서 "아름다움과 부, 육체의 힘, 고귀한 출신을
거부한 사람들—"행복"을 부인한 사람들—역시도 오로지 바보
처럼 보일 뿐이었다. "이런 사람들이 철학을 하다니!"(2,5,9). 타티
아누스는 자신이 (그리스도의 일대기 중심으로) 혼합한 사복음서, 곧
디아테사론(Diatessaron)에서, 시리아 교회에서 유명했던 한 가지
말씀을 받아들인 것으로 보인다. "아무에게서 아무것도 받지 말
고 세상에서 어떤 것도 얻지 말라."[3]

하지만 특히 윤리적인 영역에서 전통적인 철학과의 결합은
불가피했다. 이에 대한 기초는 이미 오래 전에 놓였다. 2세기 말
엽에 나타난 『섹스투스의 격언집』(Sprüche des Sextus)이 좋은 예를
제공한다. 이 격언집의 의도는 "모든 진리를 가지고 있는 교회
의 날개 아래에 그리스 철학의 도덕적 지혜를 가져오는 데"에

---

3.   A. RESCH, Agrapha. Aussercanonische Schriftfragmente, Leipzig [2]1906
     (Nachdruck Darmstadt 1974), Nr. 171, S. 198f.; 참조, 본서 §7.3.

있었다.[4] 거기에서 우리는 간결한 훈계를 발견할 수 있다. "자족을 연습하라"(αὐτάρκειαν ἄσκει). 또 다른 격언은 이유를 설명한다. "소유를 가지고 있지 않은 지혜자는 신과 유사하다." 왜냐하면 "신은 어떤 것도 필요로 하지 않지만, 신자는 오로지 신의 것들만을 필요로 하기" 때문이다(Spr. 98.18.49). 여기에 나타나는 "신과 같이 되는 것"에 대한 이상—기본적으로 소크라테스-플라톤적인—은 피타고라스의 것으로 추정되는 바 지혜에 관한 격언과 일치한다.

> 자족하며 소유를 가지지 않은 지혜자는 진정으로 신과 유사하게 사는 자다. 그는 자족을 가장 큰 재산으로 여기며, 어떤 것도 필요로 하지 않고, 본능에 따른 필요조차도 없다. 왜냐하면 소유를 얻으려는 것에는 욕망이 끝이 없기 때문이다. 선한 삶을 위해서는 불의를 포기하는 것만으로 아주 충분하다.[5]

여기서 "하나님과 유사함" 사상은 "너에게 구하는 자에게 주라!"(마 5:42)는 말씀과 같은 산상수훈의 요구(참조, 마 5:48)와 관련된다. 섹스투스는 이에 대하여 말했다.

---

4. H. CHADWICK, The Sentences of Sextus (Anm. 24), 160.
5. Spruch 30 (ebd., 87).

네가 가지고 있는 세상의 재화들을 누군가 너로부터 취하려
할 때 기꺼이 내어주라! 너의 것을 빼앗아 가려고 할 때, 자유
를 제외한 모든 것을 내어주라.[6]

8.2. 이상(Ideal)의 '시민사회화'

마찬가지로 2세기 초에 발생한 제2바울계 목회서신에 이
'자족' 모티프—물론 약간 다른 형태, 곧 '비금욕적' 형태로—가
영지주의자들의 이설(Irrlehren)과 관련한 논쟁 가운데 나타난다.
"진리를 버리고, 경건을 이익을 내기 위한 사업수완으로 간주하
는" 자들에 대하여 저자는 다음과 같이 이야기한다.

그러나 **자족**(αὐτάρκεια)하는 마음이 있으면 경건은 큰 이익이
된다. 우리가 세상에 아무 것도 가지고 온 것이 없으며, 또한
아무 것도 가지고 가지 못한다. 우리가 먹을 것과 입을 것이 있
으니, 이것으로 족할 것이다. 부하려 하는 자들은 시험과 올무
와 여러 가지 어리석고 해로운 욕심에 떨어진다. 곧 사람으로
파멸과 멸망에 빠지게 한다. (딤전 6:6-9).

여기에서도 대중철학적인 배경을 분명하게 확인할 수 있다.

---

6.   Spruch 15 (ebd., 17).

무엇보다도 '만족' 개념으로 드러나는 소유에 대한 자유는 복음을 돕는 식의 어떤 적극적인 목적보다도, 저자의 '이교적인' 대적자들의 위험한 욕망을 거부하는 데에 이바지한다. 여기에서 우리는 스토아-견유철학자들의 용어로 '정욕'에 대해 이야기할 수 있을 것이다. 하지만 엄격주의적인 금욕은 없다. 각 개인에게는 생활에 필요한 정도의 검소한 재산이 허용된다. 이는 급진적인 금욕주의에 대한 의도적인 거부이자 초기 기독교 공동체가 분명 '시민사회화'—역사적으로 불가피하게—되었음을 보여준다. '시민사회화' 개념은 오늘날 부정적인 의미로 간주될 수 있지만 결단코 폄하의 의미로 사용되어서는 안 된다. 오늘날 여전히 질문해야 할 것은, 우리 역사의 '시민화' 양상이 더 많은 관용과 인간성 및 '계급대립' 해소와 관련한, 아주 큰 '학습과정'을 필요로 하지 않았는가 하는 것이다. 초기 기독교는 기본적으로 처음부터 하나의 '작은 시민화' 운동이었다. 기독교의 강점이 바로 여기에 놓여있다. 기독교 공동체는 계급화된 모습 안에서 특히 내부의 견고함과 선교의 역동성, 자신들의 경계를 넘어서는 사회에 대한 책임 및 국가의 박해에 저항할 용기를 가지고 있었다. 목회서신과 다양한 면에서 유사한 『헤르마스의 목자』에도 마찬가지로, 그리스도인들이 세상에서 나그네로서 "충분히 자족(αὐτάρκεια)"하며 검소하게 지내야 한다는 명령이 다시금 나타나는 것은 분명 우연이 아니다(Sim. I 6; 참조, Mand. VI 2,3). 반면

부는 하나님이 주신 것으로 가난한 자들을 섬기는 데에 사용되어야 한다(Sim. I 6.8ff.). 동시에 이로써 공정한 교환이 발생한다. 부자—하나님의 눈에 가난한 자이자 그의 기도는 효력이 없는—는 자신이 가진 모든 것을 가지고 가난한 사람을 돕고, 한편으로 가난한 자는 부자를 위해 기도하는 것이다.

> 이렇게 양자(부자와 가난한 자)는 (각자의) 역할을 가지고 옳은 일을 한다. … 소유를 가지고 있는 자와 저들의 부가 주께로부터 왔다는 것을 이해하는 자는 복이 있다. 이를 이해하는 자는 섬길 수 있는 상황에 놓인 자이기 때문이다.[7]

이 아주 단순한 진술들은 2세기 공동체에 있었던 부와 가난의 문제에 대한 어떤 해결책을 보여준다. **어떤 절충점**이 있었던 것이다. 사람들은 한편으로 부자들에 대한 전통적이면서도 냉혹한 심판을 고집하면서도, 저들이 자족하면서 살고 자신의 소유를 공동체의 가난한 자들에게 기꺼이 나누어줄 때 구원을 받을 기회가 있다고 보았다. 철학적이고 신학적인 교육을 많이 받았던 알렉산드리아의 클레멘스가 자신의 저작 『어떤 부자가 구원될 수 있는가?』에서 추구했던 해결책 역시 이 노선 위에 있

---

7. Sim. II 5-10.

다. 클레멘스 역시도 "자족"(αὐτάρκεια)이 "정의의 보모"(Amme der Gerechtigkeit)라며 높게 평가했다. 자족은 "꼭 필요한 것에 만족하며 자신의 힘으로 벌고 이것들로 행복한 삶에 이르게 하는 태도"이기 때문이다.[8]

---

8.   Paed. 2,128,2, 참조, 1,98,4; Strom. 3,89; 6,24,8와 본서 §10.

제9장
절충안:
효과적인 균등함 추구

따라서 미래에 기대되는 방식은 재산에 대한 근본적인 저주나—특히 가난이나 최소한의 자족할 만한 재산, 상대적인 '부' 사이에 경계가 유동적이기 때문에—현자들의 개인주의적인 자족(αὐτάρκεια)이 아니라, 지속적이고 효과적인 (부의) 균등함을 추구하는 것이다. "불의한 재물"과의 그러한 '절충안'을 원하지 않는 사람들은 엄격한 금욕주의를 선택할 가능성이 농후하다. 이때 주목해야 할 세 가지 관점이 있다.

9.1. 수공업과 적절한 소유에 대한 긍정적인 평가

초기 기독교에 승선한 사람들은 분명 애당초 직업이 없고 하루하루 벌어먹고 사는 고대의 '최하층 프롤레타리아'가 아니었고, 법적으로 제약을 받고 있는 노예계층도 아니었다—기독교는 노예들의 종교가 아니었다. 도리어 노동의 가치를 귀하게

생각하고 있었던 '소시민들', 곧 **수공업자들과 소상공인들, 농부들**
로 구성되어 있었다(본서 §5.1). 켈수스는 자신의 논쟁에서 "교육
을 받지 못하고 투박한 양모공, 구두장이, 재단사들"이 다른 이
들을 가르치려 드는 것에 대해 경멸했다.[1] 이는 수공업자들을
천대했던 고대 지식인들의 교만함을 보여준다. 이교적인 문화
가 조금이라도 개입되어 있을 경우 어떤 직업이든 금하려 했던
엄격했던 **테르툴리아누스조차도** 기독교의 변증가로서 다음과
같이 단언했다.

> 우리는 동일한 음식을 먹고, 동일한 옷을 입고, 동일한 집에 살
> 고, 동일한 삶의 필요를 가지고 더불어 사는 사람들이다. 우리
> 는 브라만 교도도 아니며 인도의 나체 고행주의자도, 숲 속에 거하
> 는 자도 삶의 도피자도 아니다. 우리는 우리의 창조주 하나님께
> 서 베푸신 감사의 빚을 기억한다. 우리는 그분이 주신 선물을
> 거부하지 않으면서도, 지나치거나 반대 방식으로 사용하지 않
> 도록 억제하는 연습을 한다. 이처럼 광장 없이, 상점 없이, 목
> 욕탕, 시장, 작업장, 숙박, 식당 및 다른 상거래를 위한 여타 다
> 른 장소들 없이는 우리가 이 세상에서 너희와 함께 살 수 없
> 다. 또한 우리는 너희와 함께 바다를 향해 나아가고, 우리는 너

1.   Origenes, C. Cels. 3,55.

희의 군사들이나 농부들과 같으며, 마찬가지로 우리는 너희들과 상거래를 한다. 우리의 솜씨와 우리의 생산물을 너희 모두가 이용한다.

테르툴리아누스는 우상숭배에 관한 글에서 자신이 보기에 그리스도인들에게 적절하지 않은 직업들을 열거한다. 여기에는 모든 종류의 기술자, 신상제작자와 신전건축자, 마술사와 점성술사와 더불어 (이교와 관련된) 교사와 학자도 포함된다. 왜냐하면 저들은 어떤 형식으로든 이교 신화들의 지식을 전달하기 때문이다. 물론 우상숭배를 위한 소도구들을 판매하면서 동시에 음침한 돈을 탐하는 상인들에게도 혐의가 있다(De idol. 8-11). 여기에 초기 기독교에 전형적으로 존재했던 '위대한 거부'의 단면이 분명하게 나타난다. 마찬가지로 카르타고의 법률가도 실제적이고 냉철한 의미의 발언을 한 바 있다. 기술자들이 어떤 방식으로든 생계비를 벌어야만 했다는 것에 대한 반박으로 다음과 같이 이야기했다.

석고장식가는 지붕 복원과 색 입히기, 수조 마모하기, 접합부 마무리, 외부 돌림띠 붙이기 및 신들의 형상을 제거하고 다른 장식들로 벽을 치장하는 것에 능하다. 화가들과 대리석/청동 기술자와 동판조각공들도 자신들의 기술을 확장시켜 활용할

줄 안다. 신의 화상을 그리는 사람이 계산대(Rechentisch)를 더
욱 쉽게 칠할 수 있으며, 보리수 목재로 전쟁의 신(Mars)을 조
각하는 사람은 훨씬 간단하게 장롱을 짤 수 있다. … 단지 가격
과 임금에 있어서 차이가 있을 뿐이다. … 하지만 적은 수입은
많은 일거리의 공급을 통해 충당된다. 신들의 조각상이 있어
야 할 벽들은 그렇게 많이 필요하지 않으며, 우상들을 위한 신
전이나 회당도 그렇게 많지 않다. 이에 반해 집이나 관청, 목욕
탕, 주거지는 얼마나 흔히 ….[2]

이는 정당한 수공업자가 우상들이나 신전들을 다루지 않아
도 어느 정도의 임금을 벌 수 있다는 말이다. 우리는 이것과 전
적으로 동일한 차원의 의미를, 테르툴리아누스가 부유한 그리스
도인 딸들에게, 동일한 조건이라면, 이교도들보다도 가난한 그
리스도인 공동체 구성원과 결혼하라고 조언했던 것에서 발견할
수 있다. 여기에 이미 관찰했던 바 균등화 모티프가 나타난다.

하늘나라가 부자들이 아닌 가난한 자들에게 속해 있다면, (진
정한) 부자는 가난한 자들에게서 더욱 많이 발견될 것이다. 그
녀(가난한 그리스도인과 결혼한 사람)는 가난한 자들—하나님 안에

2.   De idol. 8,2-4; 참조, De cultu fem. 1,6,1.

서 풍요로운—이 가진 재화들로부터 더 큰 혼물을 받게 될 것
이다. 땅 위에서 그녀는 가난한 자와 동등할지 모르겠지만, 하
늘에서는 그렇지 않을 것이다.[3]

테르툴리아누스조차도 자신의 지식을 공동체의 사회적 현
실에 적용해야 함을 알고 있었다. 그는 또한 부에 관한 모든 냉
정한 논쟁에 있어서, 하나님이 "부를 베풀" 권한을 가지고 있음
을 강조했다. "부를 통해 의롭고 만족스러운 많은 일들이 행하
여질" 수 있기 때문이다.[4]

착실한 수공업에 대한 긍정적인 태도는 이전 시대에도 이미
있었다. 바울은 수공업 관련 직업을 통해—랍비들의 좋은 모본
을 따라—먹고 살았으며, 이처럼 데살로니가교회에도 열심히
일할 것을 권면했다(본서 §5). 도래하는 하나님 나라를 바라보더
라도, 사람은 인간 실존과 불가피하게 결부된 "노동의 수고"로
부터 피할 수 없을 것이다(창 3:17ff). 따라서 교회는 게으른 자를
오랫동안 기다려주지 않았다. 가난한 자의 편을 들었던 『디다
케』에서는 "주의 이름으로" 오는 모든 사람들을 손님으로 맞아
야 한다고 말하면서도 동시에—분명히 좋지 않았던 경험에 근
거하여—그들을 시험해보아야 한다고 기록하고 있다.

3.　Ad ux. 2,8,4f.

4.　Adv. Mare. 4,15,8.

어떤 사람이 여행객이라면 너희는 할 수 있는 대로 그를 도우
라. 하지만 꼭 필요한 상황이라면 너희 중에 단지 2-3일만 머
물게 하라. 만일 수공업자가 너희 중에 거하기를 원한다면, 먹
고 살기 위하여 일하게 하라. 만일 수공업자가 아니라면 합당
한 방식으로 그를 돌보되, 너희 중에 그리스도인으로서 게으
르게 사는 자가 있어서는 안 된다. 만일 그가 그렇게 하기를 원
하지 않는다면, 그는 그리스도의 이름을 팔아먹는 자다. 너희
는 그러한 자를 경계하라.[5]

사모사타의 풍자 시인 루키아누스는 시리아의 기독교인들
이 방랑철학자들 및 무위도식하는 페레그리누스 프로테우스—
기독교 신앙고백자이자 학자로 나타나는—에 의해 착취되고 기
만되는 것에 대하여 상세하게 묘사했다.

사기꾼이나 협잡꾼이 그들에게 다가올 때, 그는 자신이 해야
할 일을 알고서 순진한 사람들에게 자신의 입을 활짝 열어 (자
신의 입을 채워) 아주 손쉽게 부자가 된다.[6]

5.　Did 12.
6.　Per. 13.

물론 루키아누스는 여기에서 풍자적으로 과장했다. 그렇지만 이 풍자가 시리아 공동체에서 발생한—아마 단지 거기에서만은 아닐—심각한 문제를 지적한 것은 공동체의 부양을 받는 방랑 예언자들에 대한 『디다케』의 불신을 잘 보여준다. 『사도들의 교훈』(Didascalia apostolorum)에 그 흔적이 남아있다.

> 너희 모든 믿는 자들은 이제, 교회에 있지 않을 때에는, 날마다 매시간 열심히 너희의 일터에 있으라. 이로써 너희는 너희 삶의 모든 시간들을 하나님께 봉헌된 일에 종사하거나 너희의 생업에 매진하고, 결코 게을리 있지 말라. 또한 게으름은 만회될 수 없는 부끄러운 것이니 항상 활동하라. 너희 중에 있는 어떤 사람이 일하지 않는다면, 또한 먹어서도 안 된다(본서 §5.2). 하나님도 게으른 자를 미워하신다. 게으른 자는 신자가 될 수 없다.[7]

서로서로 도우며 근면하고 자족하는 사람들은 저들이 재산을 의식적으로 추구했든지 아니든지 간에 검소한 재산을 가지게 되었다. 헤게시푸스는 예수의 조카의 두 아들이 갈릴리에서 9,000 데나리온의 토지세에 해당하는 39 플레트라(플레트론은 길

---

7. Didascalia apostolorum 13; Harnack, Mission (Anm. 69), Bd. I, 199를 보라.

이를 측정하는 단위로 1플레트론은 약 30미터다—역주)의 작은 농지를 가지고 있었음을 보도했다. 도미티아누스 황제는 저들이 다윗의 후손이라는 이유로 불러세웠는데, 이때 "그들은 고된 노동의 결과로 갖게 된 자신들의 손, 곧 거칠어진 피부와 굳은살을 보여주며, 자신들이 노동자라는 것을 증명했다." 황제는 저들을 '평범한 사람들'로서 완전히 멸시하고서 집—거기서 그들은 (박해에 굴하지 않은) '신앙고백자'로서 높이 존경받았다—으로 돌려보냈다.[8]

아마도 마찬가지로 도미티아누스 황제 때에 기록되었을 히브리서는 이목을 끄는 공동체의 그리스도인들—아마 로마에 있는—이 단지 "성도들(아마 팔레스타인에 있는 공동체를 가리킨다)을 섬길"(히 6:10; 참조 롬 12:13) 뿐 아니라 "(국가에 의해) 너희의 소유를 빼앗기는 것도 기쁘게 견뎠다"(히 10:34)라고 이야기한다. 이는 저들이 재산을 완전히 가지고 있지 않았던 것이 아님을 보여준다.

9.2. 교회 내에 상류층 구성원들의 급격한 유입

시간이 지남에 따라 더욱 많은 상류층 구성원들이 교회로 들어왔는데, 사람들은 저들을 배척하려고 하지도, 배척할 수도 없었다. 오히려 이미 **누가복음**은 상황이 어떻게 달라졌는지를 분명하게 보여주고 있다. 누가는 한편으로 '가난의 신학'을 뚜

---

8. Euseb, H. e. 3,20.

렷하게 대변하였기에, 편집된 것으로 보이는 14:33의 비유 해석에서 다음과 같은 요구가 예수의 입에서 발화된 것으로 나타날 수 있는 것이다. "너희 중에 누구든지 자신의 소유를 다 버리지 아니하는 자는 나의 제자가 될 수 없다." 그렇지만 누가는 자신의 두 책을 '고위층 태생'(κράτιστος = '왕족의', 눅 1:3) 데오빌로에게 헌정하고, 특별한 호의를 가지고 예수 및 공동체와 결부된 부유한 사람들을 호명하는 데에 거리낌이 없었다. 여기에는 헤롯 안디바(안티파스)의 재무 관리자 쿠사의 아내 요안나, 백부장 고넬료, 아덴의 관료 디오누시오, 헤롯 안디바의 젖동생 마나엔 및 구브로의 총독 서기오 바울에 이르기까지 많은 사람들이 속해 있다. "하나님을 경외"하는 무리에 호의적이었던 상류층 구성원들 역시 이방인 선교를 통해 초기 교회 안으로 들어오게 됐다(본서 §5.2). 의사였던 누가도 아마 이 부류에 속했을 것이다. 그리스도인들의 대다수가 여전히 평민층이라 하더라도, 데오빌로를 향한 헌정사—어떤 자랑스러움이 돋보이는—에 암시된 바, 기독교 메시지가 상류층으로 침투하여 발전한 것은 2세기에도 계속되었다. 에우세비우스(H. e. 5,21,1)에 따르면 콤모두스(180-192년)의 시대에, "로마에서 부와 최고위층 출신을 향유하는 사람들 중 다수는 자신들의 모든 집과 친인척들과 더불어 구원의 길에 들어섰다."

콤모두스 황제의 첩 마르키아조차도 기독교와 친밀했다. 그

녀는 로마의 주교 빅토르를 맞이하고 사르디니아의 광산에서
강제로 부역하는 기독교인들의 해방을 위해 힘썼다(본서 §9.4). 당
시 파르티아 국경에 있는 아디아베네의 분봉왕 아브가르 9세(주
후 174-214년)는 기독교로 개종했다. 엄격한 금욕주의적 도마행전
(본서 §7.3)에서는 이 사건들이 반영되어 나타나는 것처럼 보인다.
여기에는 왕들, 왕족 구성원들, 고위층, 그리고 특히 상류층 여
성들이 개종했다고 나온다. 동시에 우리는 테르툴리아누스에
의해 "모든 계층"의[9] 이방인들이 기독교로 들어왔다는 것, 심지
어 그리스도인들의 유입은 원로원 계층에까지 이르렀다는 것을
듣게 된다.[10] 도저히 멈출 수 없는 기독교 발전의 길이 열린 것
이다. 사람들은 선교에 있어서 기본적으로 모든 계층들을 포괄
하거나, 아니면 금욕주의적-반세상적 내지 혁명적 분파로서 세
상을 등졌다. 사회적 보편성에 대한 결정은 기본적으로 바울에
게 이미 나타났다. 그렇지만 켈수스로부터 율리아누스에 이르
는 이방 대적자들이 기독교를 반세상적-파괴적 분파로 간주했
던 것—기독교가 부정적인 퇴행길을 갔던 것은 아님에도 불구
하고—은 이목을 집중시킨다.

---

9. "Omnem dignitatem"(Tertullian, Ad nat. 1,1,2; Apolog. 1,7); 참조,
Plinius' "omnis ordinis"(본서 §5.2).
10. Apolog. 37,4; 참조, Ad Scap. 4,5f.

9.3. 가난한 사람들에 대한 포괄적인 돌봄 및 이를 위한 전제들

우리는 이미 초기 기독교 공동체에 있었던 것이자 고대에는 유일했던 가난한 자들을 위한 돌봄, 곧 가난과 부 사이의 차이를 상대적으로 조율하는 것에 대해 살펴보았다(본서 §6). **이는 공동체에 의한 재산 조달 수단을 필요로 한다.** 예배 시간에 재화들을 자유롭게 모으기도 했고 특별한 기금이 조성되기도 했다. 이 관습은 이미 바울 공동체에서 시작되었는데, 여기에서 계속적으로 이어져 내려왔을 수 있다. 이러한 식의 집중적인 돌봄과 자선활동은 공동체 구성원 다수의 '일정한 수입 활동'을 전제한다. 이러한 의미에서, 바울의 어떤 제자에 의해 기록된 에베소서에 나타난 바, 새로 개종한 사람들에 대한 훈계가 이해될 수 있다(4:28; 참조, 도마행전 58).

> 도둑질하는 자는 다시 도둑질하지 말고, 돌이켜 가난한 자를 구제할 수 있도록 자기 손으로 수고하여 선한 일을 하라. (엡 4:28).

오직 자신의 수입 활동이 있을 때에만 다른 이들에게 기꺼이 도움을 베풀 수 있다. 여기서 한때 도둑이었던 자들에게 말하고 있는 것은 당연히 부자들에게도 유효하다. 부자들은 오만한 마음으로 불확실한 부에 자신의 희망을 두어서는 안 된다.

오직 우리에게 모든 것을 후히 주사 누리게 하시는 하나님께 마음을 두어야 한다. 그들은 선을 행하고, 선한 일들을 기꺼이 하며, 나누어 주기를 좋아하며 (선한 일들에) 너그러운 자가 되게 하라. 이것이 장래에 자기를 위하여 좋은 터를 쌓아 참된 생명을 취하는 것이라. (딤전 6:17-19).

다른 곳에서는 부에 대한 평가가 엄격한 반면(본서 §9) 여기에서는 상대적으로 부드럽다. 부자들은 선한 일들을 할 기회를 가지고 있으며, 이때 유대 전통으로부터 유래한 공로사상도 나타난다. 클레멘스1서의 논쟁도 그리스도의 한 몸 모티프를 도입하면서 이와 유사한 방향으로 진행된다.

우리의 전체 몸(교회)은 그리스도 안에 있어야 합니다. 그리고 각 사람은 맡겨진 은사에 걸맞게 이웃들을 섬기십시오. 강한 자들은 약한 자들을 돌보아야 하고, 약한 자들은 강한 자들을 존중하십시오(!). 부자들은 가난한 자들을 도와야 하며, 가난한 자들은 하나님께서 각 사람에게 주심으로 자신들의 필요가 채워진 것으로 인하여 하나님께 감사해야 합니다. ….[11]

---

11.   38,1f.

위 세 가지 증거가 분명 초기 기독교 공동체의 실천에 큰 영향을 미친 유대-지혜적 가치관에 가깝다는 것은 명명백백하다. 우리가 헤르마스에게서 발견했던 가난과 부 사이의 상호교환으로의 길과 그렇게 멀리 떨어져 있지 않다(본서 §8.1). 우리에게 있어서 이러한 식의 진술은 신학적 의구심을 불러일으킬 수도 있겠지만, 2세기 초 교회 상황의 관점에서 보자면 효과적이었고 실제적이었다.

이미 바울은 예루살렘에 있는 '가난한 자들'을 위한 모금에 대해 비슷하게 주장할 수 있었다.

> 적게 심는 자는 적게 거두고, 많이 심는 자는 많이 거둔다. … 하나님은 즐거이 내는 자를 사랑하신다. (고후 9:6-7).

바울은 고린도의 각 그리스도인들이 일요일이라고 불리는 주의 첫 날에 자신들의 재량과 능력에 따라 약간씩 저축하라는 완전히 실제적인 지침을 주었다(고전 16:2). 유스티누스(약 150년)와 테르툴리아누스(약 200년)는 모두 이와 유사한 방식으로 로마교회와 카르타고교회의 예배 시 관습에 대해 묘사했다.

> 재산과 좋은 뜻을 가지고 있는 사람들은 자신의 재량에 따라

내어놓고, 이렇게 모인 것은 지도자에게 맡겨진다. 그는 이것
을 가지고 고아들과 과부들, 공동체 내에서 병이나 여타 다른
이유로 궁핍한 가운데 있는 사람들, 갇힌 자들, 나그네들을 도
왔다. 간단히 말하자면 그는 도시 내에 있는 모든 사람들을 돌
보았다.[12]

(우리에게) 돈궤가 있지만 이것은 마치 종교를 판매하듯 (너희의
관원들과 같이) 입장료를 받아 모은 것이 아니다. 각 사람들은
원할 경우 저마다 달마다 정해진 날에 헌금을 검소하게 조금
씩 한다. 사람들이 진정으로 원할 경우, 그리고 할 수 있을 경
우에 말이다. 어느 누구도 강요받지 않고, 자발적으로만 한다. 이
는 어느 정도 경건의 보증수표라 할 수 있다. 이 자금은 진수성
찬을 차리거나 향연을 베풀거나 불필요한 음식을 제공하는 데
에 사용되지 않았고, 가난한 사람들을 돌보거나 장례를 지내
는 데에, 그리고 부모와 돈이 더 이상 없는 어린아이들을 위해,
나이든 노예를 위해, 또한 난파를 겪은 이들을 위해, 광산이나
섬, 감옥에 갇힌 사람들―하나님의 공동체에 속했다는 이유로
거기에 있을 때―의 (신앙고백을 하는) 피부양자를 위해 지출되
었다. 그러한 사랑의 행위는 많은 사람들의 눈에 단번에 각인

---

12.   Justin, Apol. 67,6.

된다. 그들은, "어떻게 저들이 서로를 사랑하는지 봐"라고 말하고—곧, 자신들은 서로를 미워한다는 것이다—"그리고 저들이 서로를 위해 죽을 준비가 되어있는지 봐"라고 말한다—곧, 자신들은 서로를 죽일 준비가 되어있다는 것이다.[13]

이러한 희생정신과 더불어 동시에 하나님이 모든 선물들의 소유자며 수여자라는 사상—고대에 일반적이었던—도 영향을 미쳤다(참조, 약 1:17). 따라서 기꺼이 내어주는 행위는 '하나님 모방'으로 해석될 수 있다. 왜냐하면 한없이 부요한 하나님은 "인간을 향한 자비"(φιλανθρωπία)에 근거하여 모든 사람들에게 필요한 것을 나누어주시기 때문이다(본서 §1.1). 바울은 이미 음식법을 지나치게 고수하는 자들에 대하여 (음식뿐 아니라) 다른 모든 재화들을 가리킬 수도 있는 시편 한 구절을 인용한 바 있다. "땅과 거기의 충만한 것이 주께 속했다"(고전 10:26 = 시 24:1). 헤르마스에게서도 이에 부합하는 사상, 곧 모든 재산은 결국 하나님의 소유이자 선물이라는 것을 확인할 수 있다(본서 §8.2). 후대 교부들에게서 계속 반복되는 한 모티프는 모든 것이 모두에게 공동이었던 낙원과 같은 '원시-공산주의'로 되돌아가자는 것, 혹은—더욱 설득력 있는 것으로서—하나님이 **'빌려주는 개념'**으로 재물

---

13. Tertullian, Apolog. 39,5-7. 번역, C. BECKER.

을 인간 손에 맡긴 것이며 (어떻게 사용했는지) 정산서를 요구할 것
이라는 재화 대리자 사상이다. 다마스커스의 요하네스의 한 후
대 작품집에는 외경 '베드로의 교훈'의 인용구를 확인할 수 있
는데, 여기에 나타나는 부에 대한 초기 기독교의 평가는 전형적
이다.

> 많은 사람들을 불쌍히 여기면서 **하나님을 모방**하여 자신들이
> 가진 것을 내어주는 모든 사람들은 부유한 사람이다. 왜냐하
> 면 각 사람들이 가지고 있는 것은 모두 하나님으로부터 받은
> 것이기 때문이다. 너희 부자들은 너희가 필요로 하는 것보다
> 도 더욱 많은 것들을 받았으므로 섬겨야 한다는 것을 알아야
> 한다. 너희가 풍성하게 가지고 있는 것이 다른 사람들에게는
> 없다는 것을 기억하라. 다른 이들의 재화를 가지고 있음을 부
> 끄러워하라. 하나님의 공평성을 모방하라. 그러면 아무도 가난
> 하지 않을 것이다.[14]

하나님의 선하심이 신자들의 봉사를 도우면서 저들이 가진
소유를 통해 가난이 발생하지 않도록 촉구한다. 풍성하게 내어
줄 수 있는 사람이 부자다(참조, 막 12:41ff. = 눅 21:1ff.). 여기에서 자연

---

14. HENNECKE/SCHNEEMELCHER (Anm. 79), Bd. II, 60f.에서 인용.

스럽게, 재산을 소유한 자가 곤궁한 사람 앞에서 자신의 마음을 닫고 손을 뻗지 않는다면 하나님의 사랑과 구원으로부터 멀어진 자라는 원리가 도출된다.

> 누가 이 세상의 재물을 가지고서, 형제의 궁핍함을 보면서 도와줄 마음을 닫으면 하나님의 사랑이 어떻게 그 속에 거할까요? (요일 3:17).

현대 주석가들은 이 유명한 요한일서 구절에서 만다야교(이원론적 세계관을 가지고 세례 요한을 존숭했던 아랍의 종교—역주)와의 평행점을 발견한다. 사실 이것은 유대교에 뿌리를 두고 있는 초기 기독교의 기본적인 윤리 모티프다. 그렇지만 이 구절의 본래 정점은 인간에 대한 하나님의 헌신적인 사랑과 그리스도의 사역을 통해 이르게 된다(요 3:16; 17:26; 요일 4:7ff.). 결국, 하나님을 모든 좋은 선물을 주시는 분으로 부르는 것과 '하나님 모방' 모티프는 초기 기독교 안에 있었던, 기독론적 표시로 볼 필요가 있다.

9.4. 로마교회로부터 얻을 수 있는 세 가지 예

2-3세기 교회에 있어서 가난한 자를 위한 관대한 관심과 잘 조직된 사회적 돌봄을 위해서는 신중한 관리가 요구되듯이, 적잖은 자금의 공급이 지속적으로 필요했는데, **부자들을 나가라고**

하지 않고서, 저들에게 그만큼 더 많은 '재정을 제공'하기를 바랐던 것은 유일하고도 실제적인 방편이었다. 이를 통해 소유는 모순적인 양태를 띠게 됐다. 사람들은 소유를, 위험한 것이자 동시에 최고의 책무로 간주했다. 오로지 실제적인 행위를 통해서만 이 긴장이 점차 사라질 수 있었다. 공동체 내에서는 부를 계속 의심하기도 했지만, 그럼에도 많은 후원금이 요구되었으며, 부분적으로 사람들은 후원자를 존경하기도 했다.

이와 관련한 이하의 세 가지 예는 모두 로마교회에서 유래한 것인데, 여기에서 우리는 거리를 둔 채 2세기와 3세기 초의 로마교회에 대하여 가장 잘 확인할 수 있다.

1. 시노페의 주교의 아들 **마르키온**은 소아시아의 부유한 선주로서 로마 공동체에 들어오면서 200,000 세스테르티우스에 달하는 돈을 헌금했다(약 주후 139년). 이것이 마르키온의 전 재산이었는지 아니면 재산의 일부만을 공동체에 헌납한 것인지는 분명하지 않다. 하지만 분명한 것은 그가 그리스도인으로서 금욕주의적인 성향을 가지고 있었음에도 불구하고—물론 동방에서 이미 일찍이 제명되긴 했지만—재산을 모았다는 것이다. 5년 후 로마교회에서 출교당했을 때 교회는 그에게 이 큰 돈을 즉각 반환했다.[15] 이를 보자면 로마교회는 언제든지 유용할 수 있는

---

15. Harnack, Marcion, Leipzig ²1924 (Nachdruck Darmstadt 1960), 24ff.

큰 자금을 가지고 있었던 것으로 보인다.

2. **신약외경에 속하는 사도들의 행전들**도 소유물과 부에 대한 상류층의 변화된 태도를 반영하고 있다. 이곳에서 확인할 수 있는 많은 기적들과 더불어 간단한 교훈들을 전하는 소설 같은 이야기들은 단순한 공동체 구성원들의 기대 수준에 부합한다. 저들에 근거하여 '이상적인' 기독교 사회상의 모습을 그려볼 수 있을 것이다.

가장 오래된, 약 2세기 후반에 쓰인 베드로행전은 부자들과 상류층 사람들의 개종에 관하여 특히 긍정적으로 보도하고 있다. 베드로는 마술사 시몬이 귀부인 에우불라에게서 빼앗아간 재물들을 놀라운 방식으로 되찾아주었고 이로써 그녀는 신앙을 갖게 되면서, "자신이 되돌려받았던 모든 재산을 가난한 자들을 돕도록 기부했다."[16] 또한 시몬에 의해 유혹을 받았지만 베드로에 의해 구출된 로마의 원로원 의원 마르켈루스는 자신의 집을 과부와 그리스도인 여성들을 위해 내주었다. "나의 재산으로 간주되는 것이 여러분의 것이 아니라면 누구의 것이겠습니까?"[17] "태어난 이래로 은그릇이나 유리그릇을 써본 적이 없고 오로지 금그릇만을 사용했었던" 부자 크리세는 환상을 보고 나서 베드로에게 10,000 데나리온을 내주었다. 베드로는 이 여인이 "로

---

16. 1장 (HENNECKE/SCHNEEMELCHER [Anm. 79], Bd. II, 206).
17. 22장(ebd., 209).

마 전역에서 간음한 자로 유명"하다는 항변에도 불구하고 이
돈을 받았다. 베드로는 확신을 가지고 대답했다. "그리스도에게
빚진 자로서 이것들을 내게 바친 것이며 그리스도의 종들에게
준 것이다. 왜냐하면 그리스도가 그녀를 돌보았기 때문이다."[18]
누가복음 7:36-50에 나타나는 죄인 여성이 위 이야기의 전형으
로 설정된 것일 수도 있다. 동시에 사람들은 공동체의 큰 사회
적 과제를 염두에 두고 증여된 것을 수용할 때에 너무 편협한
태도를 보이지는 않았다는 것을 알 수 있다. 하르낙의 계산에
따르면, 로마교회는 3세기 중반 매년, 위에서 이미 언급된 1,500
명의 빈곤한 사람들(본서 §6)을 지원하기 위하여 약 500,000에서
1,000,000 세스테르티우스를 필요로 했다.[19] 이러한 식의 재정
문제를 성공적으로 이끄는 것은 공동체에 지속적인 수입이 있
을 때에만, 그리고 관리가 아주 잘 이루어질 때에만 가능했다.

  3. 세 번째 예는 이 재정 관리 방식의 발전 및 이와 관련된
인간의 갈등을 바라보게 한다. 두 번째 예로 제시된 증거들은
주로 문학적-이상적이면서 전기적 구체성은 다소 떨어진다. 곧,
여기에는 흔히 이상적인 요구들이나 변증적인 묘사가 나타나
고, 인간적인 현실로서 그 이면에 있는 갈등이 항상 드러나는
것은 아니다. 1842년에 되어서야 재발견된 히폴리투스의 『모든

---

18. 30장 (ebd., 216).
19. Mission (Anm. 69), Bd. I, 182f.

이교도들에 대한 반박』에는 자신의 적대자이자 반대파-주교(권력정치를 근거로 다른 구역의 주교와 대립한 주교를 일컬음—역주)였던 **로마의 칼리스투스**에 대한 간결하고, 특히 논쟁적이며, 아주 왜곡된 전기가 포함되어 있다. 여기에서 우리는 로마교회 주교 개인의 다변적인 운명과 더불어 그 배경에 놓인 사회적인 문제들을 들여다볼 수 있다.[20] 최근에 H. 귈초브(Gülzow)는 이 진술 부분에 대한 역사적이고 사회사적인 배경을 전형적인 방식으로 밝혀냈다.[21] 칼리스투스는 본래 그리스도인이었던 로마제국 '관원'의 노예였는데, 노예였든 노예였다가 나중에 해방된 자유민이었든 간에 자신의 위치로 인해 특별히 존경을 받았다. 칼리스투스는 주인 카르포포루스에 의해 위험한 금융 사업을 자신의 자산으로 위탁받았다. "시간이 흐르면서 카르포포루스의 좋은 평판으로 인해 과부들과 형제들로부터 적지 않은 돈들이 칼리스투스에게 맡겨졌다"(Ref. 12,1). 하지만 금융 사업이 어려움에 직면하게 되면서—아마도 지속적인 화폐 가치의 하락으로 인해—그는 도망치려고 했다. 도주는 실패했고 카르포포루스는 그를 노예감옥에 넣었지만, 동료 그리스도인들이 옹호하자 그는 다시 풀려날 수

---

20. Hippolyt, Ref. 9,12.

21. Kallist von Rom. Ein Beitrag zur Soziologie der römischen Gemeinde, ZNW 58 (1967), 102-121 = DERS., Christentum und Sklaverei in den ersten drei Jahrhunderten, Bonn 1969, 142-172.

있었다. 여기에서 카르포포루스의 비양심적인 이윤 추구와 그
리스도인으로서의 책무는 서로 분명하게 모순된다. 감옥에서
풀려난 칼리스투스는 채무자들에게 빚을 독촉하기 위하여 저들
을 만나기를 바라는 마음으로 안식일에 회당으로 서둘러 갔다.
그런데 소동이 일어났다. 유대인들은 그를 지방행정관 푸스키
아누스에게 끌고갔고, 그리스도인으로서 예배를 방해한 죄로
그를 고발했다.

　　푸스키아누스는 그를 채찍질하게 했고 이미 수많은 그리스
도인들이 국가노예로 노동하고 있었던 사르디니아의 탄광으로
보내버렸다(주후 188년). 얼마 후 빅토르 주교는 마르키아의 콤모
두스 황제의 첩 마르키아의 중개로 사르디니아에 갇힌 그리스
도인들의 해방을 이루어냈다(본서 §9.2). 로마제국의 환관이자 기
독교의 장로였던 히아킨투스는 노예 해방 명령을 담은 서신을
사르디니아의 통치자에게 가져왔다. 칼리스투스는 이때 자유롭
게 된 노예들 중 하나였다. 칼리스투스는 자신의 신앙 때문에
유배되었던 '독실한 신자'로서 로마교회의 성직자로 받아들여
졌다. 옛 주인은 자유민에 대하여 더 이상 아무런 권리가 없었
다. 아마도 갈등을 일으키지 않기 위하여, 빅토르 주교는 이 새
로운 성직자를 안티움에 거주하게 하고 매달의 생계비를 대주
었다. 과거에 노예였던 자를 이렇게 대우하는 것에서 우리는 동
시에, 그리스도인인 이전 주인에 대한 무언의 항거를 볼 수 있

다. 빅토르의 주교직 후임자 제피리누스는 칼리스투스를 측근, 곧 "성직자 조직의 동료"로 삼고 "그를 공동묘지 관리자로 임명했다"(Ref. 12,14). 말하자면, 제피리누스는 칼리스투스를 믿고 로마교회의 묘지들을 맡긴 것이다. 고대에 명예롭게 매장되는 것에 대한 관심은 노예를 포함하여 평민들에게 있어서 특별한 문제였기에 수많은 장례 상조가 만들어졌다. 아리스티데스의 증거가 보여주는 것처럼(본서 §6), 이 영역도 유대전통을 따라 처음부터 그리스도인의 구제 정책에 포함되어 있었다. 로마교회의 최초 묘지는 부유한 그리스도인들의 후원에 의존했고, 이전에 노예였던 칼리스투스는 묘지 정비를 교회의 즉각적인 과제로 만듦으로써 이 영역에서 우수하게 일했던 것으로 보인다.

> 고고학자들이 일관되게 주장하는 바, 묘지가 발전하기 시작한 것은 카라칼라(211-217년)로부터 세베루스 알렉산드로스(222-235년) 시대까지라는 것이 옳다면, 우리는 이 기간에 20년 넘도록 묘지를 책임졌던 칼리스투스가 성공적으로 임무를 수행했다는 것을 오늘날에도 여전히 분명하게 알 수 있다.[22]

과거에 노예였던 자는 이제 주교가 대부분의 것들을 맡길

---

22. H. Gülzow, Kallist von Rom (Anm.113), 116 (= Christentum 165).

만한 가장 영향력 있는 관원이 되었다. 곧, 교회의 재정과 더불어
구제 정책이 그의 손에 맡겨졌다. 칼리스투스는 이 과업—분명 어
려웠을—을 공동체가 매우 만족할 만하게 처리하였기에, 그는
비천한 출신에도 불구하고 제피리누스가 죽은 후에 주교로 선
출되었다(주후 217년). 부유하면서도 신학적으로도 교육을 잘 받았
던 히폴리투스는 로마의 왕실과 가장 좋은 관계를 유지했지만
아무것도 얻지 못했고 소수에 의해 반대파-주교로 선출될 수 있
었다. 하지만 히폴리투스 주변에 모여들었던 '지식인' 공동체는
하나의 학파 수준으로 취급되었다. 과거에 노예였고 이제는 평민
이 된 한 남자가 교회에서 폭넓은 층의 관심을 효과적으로 대변함으
로 더욱 큰 신뢰를 얻은 것으로 보인다. 칼리스투스는 회개 문제에
있어서 모든 엄격주의를 거부했을 뿐 아니라 상류층 그리스도
인 여성들과 그리스도인 노예들/자유민들 사이의 결혼—전통
적인 로마법적 사고에는 반하는—도 확실하게 합법화하고 이로
써 윤리적인 위기를 극복하여 본인의 충분한 역량을 입증했
다.[23] 귈초브에 따르면, 이는 신약시대 이후로 "예배 밖이나 경
기장 밖에서도 역시, 노예들의 평등권을 처음으로 인정한 사례"
가[24] 된다.

---

23. Hippolyt, Ref. 9,12,24.

24. H. Gülzow, Kallist von Rom (Anm.113), 121 (= Christentum 172).

제10장
알렉산드리아의 클레멘스:
어떤 부자가 구원될 수 있는가?

    지금까지 스케치된 발전은 신학적 문학의 형태로도 나타난다. 이미 언급된 바, 알렉산드리아의 클레멘스(215년 이전에 사망)가 "어떤 부자가 구원될 수 있는가?"에 대해 쓴 작품에서는 이미 실행되었던, 그러나 항상 팽팽한 긴장 상태를 유지하고 있었던 절충안이라 할 수 있는 것의 신학적 기초를 제시하려 했다. 클레멘스는 자신의 풍부한 철학적 지식을 끌어다가 한편의 설교 형식으로 부자와 예수(막 10:17-31)를 다루었다. 그는 급진적인 금욕주의를 대변하는 문자적인 해석에서 물러나 예수의 요구를 '내면화'하려고 했다. **부에 대한 욕망**으로부터 마음이 정결하게 되어야 한다는 것이다. 예수에 의해 추구된 위험한 욕망으로부터의 내적 자유가 곧 자발적인 가난을 가리키는 것은 아니다. 여기에 스토아철학의 영향이 분명하게 나타난다. "세상적인 부를 내버리는 사람도 욕망에 있어서는 여전히 부유할 수 있다. … 또한 사람들이 가지고 있는 **위험한 것**을 내버려야 하지만, 사람들이 바르게 사용하는 방식을 알고 있을 때 유용하게 사용할 수 있는 것까지도 버리라는 것은 아니다"(15,2,4). 이는 두 가지 의미를 내포한다. 첫째, 부는 '그 자체'로 악한 것이 아니다. 부는 중립적인 것이며 '매개물'로, 모든 평가는 부를 바르게 사용하는지 여부에 달려있다. 이것은 스토아적으로 잘 진술된 것이다. 또 다른 하나는 부자 '자체'가 하늘나라에서 쫓겨나는 것이 아니라, 회개하기를 거부한 죄인이 쫓겨나는 것이다. 극심한 궁핍은 "사고를 굽게" 하고 신적인 것들로부터 멀어지게 한다(12,5; 비교, 18,5). 반대로 적당한 재산은 걱정을 몰아낼 뿐 아니라 사랑을 행할 가능성을 제공해준다(13,1). 여기에서 재산의 긍정적인 면을 볼 수 있다. 재산을 적절하고 책임감 있게 활용하는 것은 사람들에게 자유의 공간을 만들어준다. 물론 이 자유는 언제나 동시에 타인을 품는 자유여야 한다. 따라서 올바로 이해한다면 재산이란 하나님으로부터 주어진 도구며(14,1ff.), 우리 자신이 아닌 우리 형제들을 위해 하나님으로부터 받은 하나님의 선물이다(16,3). 모든 것은 부유함이 동료들의 어려움을 위해 사용되느냐에 달려있다.

　　재산과 … 집들을 가지고 있는 사람은 하나님의 선물이라는 것을 알기 때문에, 이것들을 가지고 하나님을 섬기되, 사람들의 안녕을 위해 사용한다. 또한 그는 **자기 자신보다는 형제들을 위해 이 모든 것들을 가지고 있다는 것**과 자신이 재산의 노예가 아닌 재산의 주인이라는 것을 알고 있다. 그는 재산을 마음에 담아두지 않고, 삶의 목적이나 내용으로 삼지 않고, 항상 고귀하고 신적인 행위를 행하기를 노력하며 이를 행할 수 있다. 언젠가 자신의 재물을 빼앗긴다 하더라도 마치 필요 이상의 재산을 가졌었던 것처럼 평온한 마음으로 자신의 상실을 감내한다. 이러한 특징들을 가지고 있는 모든 사람들은 주로부터 복된 칭찬을 받는 자이며, 심령이 가난하다고 일컬음을 받는 자이고, 하늘나라를 유업으로 받을 자이며(마 5:3), (영원한) 생명을 얻지 못하는 부자가 아니다.[1]

오직 불의한 것은 바로 자기 자신만을 위해 탐욕스럽게 소유하려는 재산이다(31,6). 디모데전서와 헤르마스에게서도 동일한 교환 모티프가 나타난다. "이 세상의 흘러가버릴 재물들을 내어줌으로써 하늘에 있는 영원한 처소를 받는다"(32,1).

클레멘스는 급진적인 금욕주의와 논리정연한 부의 정당화 사이에서 '자유로운' 길을 모색하기 위하여 모든 노력을 기울였

---

1.   16,3. 모든 번역은 O. Stählin (BKV)를 따랐다.

지만, 클레멘스의 해결책은 복음의 증언을 부분적으로 구부리기에 예수의 선포와 비교해볼 때에 여전히 만족스럽지 못하다. 하지만 다른 한편으로 클레멘스가 재산에 대한 종교적-사회적 의무를 절대적으로 강조했던 것은 긍정적으로 평가되어야 한다. **재산은 하나님의 선물로서 언제나 타인들의 궁핍을 돕기 위하여 존재한다.**

이 짧은 설교투의 저작은 교회의 영적이면서도 사회적인 상황을 뒤집어엎었었다. 당시 **알렉산드리아**는 단순히 그리스어를 구사하는 동방의 큰 도시였을 뿐 아니라 전 로마제국에서 가장 부유했던 도시로 인도와 동방 및 지중해 교역의 중심지였고, 유일무이한 교육 전통을 가졌을 뿐 아니라 대단히 사치스러운 생활양식을 가진 도시였다. 4세기에 쓰인 하드리아누스의 위서는 이 도시를 풍자적으로 묘사하고 있다.

> 이 도시는 부유하며 풍요롭고 호화롭다. 여기에 사는 이들은 어느 누구도 일하지 않는 이가 없다. 어떤 사람은 유리를 불어 만들고, 어떤 사람은 종이를 제조하며, 또 어떤 사람은 아마포를 짠다. 어쨌든 모든 사람들이 어떻게든 일하고 있다. … 저들이 가지고 있는 유일한 신은 돈이다(*unus illis deus nummus est*). 그리스도인들은 이 신을 예배하고, 유대인들도 이 신을, 또한 모든 이교도들도 이 신을 예배한다.[2]

콘스탄티누스 시대 이후의 반기독교 논쟁에 속한 마지막 문장을 제외한다면, 이 묘사는 더 이른 시기에도 어느 정도 들어맞는다. 클레멘스는 분명 '부자 청년'을 다루는 자신의 저작이 공개되어 부유한 사람들에게 들려지기를 바랐다. 또한 자신의 더 방대한 작품인 『교사』(παιδαγωγός)에서도 그들을 향했다. 이 책 제2권과 제3권에서 클레멘스는 알렉산드리아 상류층 사회의 과도한 사치를 아주 신랄하게 비판했다. 예컨대, 제2권 마지막에서는 금과 보석으로 치장하는 상류층 부인들의 욕망에 반박한다. 분명히 알렉산드리아에는 다음과 같이 주장하는 상류 계층에 속한 부인들이 200여명 가까이 있었다.

> 하나님이 창조하신 것을 어째서 우리가 사용하면 안 된다는 것입니까? 그리고 그것이 내게 속했다면 어째서 제가 그것을 즐기면 안 되는 것입니까? 또 우리가 아니라면 그 누구를 위해 이것들이 창조된 것인가요?

클레멘스에 따르면 이처럼 주장하는 자들은 하나님의 뜻을 모른다.

2.　Historia Augusta 29,85f. = Flavius Vopiscus, Vita Satumini.

그는 물과 공기와 같은 삶에 필수적인 것들을 완전히 공짜로 베푸신다. 반면 삶에 필수가 아닌 것들은 땅이나 물속에 감추신다. … 보라, 모든 하늘이 열려있는데, 너희는 하나님을 찾지 않는다. 감추어진 금과 보석을 캐내는 것은 우리 중에 사형선고를 받은 자들이나 하는 일이다!

본래 신학적인 근거 제시, 곧 기독교적인 논증 방식은 자연법을 따르고 있다.

그러나 너희에게 모든 것들이 선물로 주어졌고 … "우리에게 모든 것이 허용"되었더라도, 그 사도[바울]는 "모든 것이 유익한 것은 아니다"(고전 10:23)라고 말한다. 하나님은 만물을 창조하신 후에 도리어 스스로 먼저 자신의 몫을 나누어주시고 모든 사람들에게 공통으로 그분의 돕는 로고스를 보내심으로써 우리 인류를 좁은 공동체 관계로 창조하셨다(요 1:1ff.). 이에 만물은 공동의 소유며, 부자는 다른 이들과 같이 더 이상 자신의 이익을 위해서는 안 된다. "내가 많이 가지고 있고 마음대로 사용할 수 있는데, 어째서 내가 누려서는 안 되는가?"라는 말은 사람들에게도 적절하지 않으며, 이는 좁은 공동체 관계의 표시도 아니다. 반대로 더욱 가치 있는 신념은 이러하다. "내가 마음대로 사용할 수 있는데, 어째서 내가 그것을 꼭 필요로 하는 사

람들에게 나누어주지 못하는가?" … 이것이 바로 진정한 누림이
며, 이것이 바로 보물과 같이 가치 있는 부다. 반면 어리석은
탐욕을 위해 사용하는 것은 단지 욕망일 뿐이며 낭비에 지나
지 않는다. 왜냐하면 하나님은 우리에게 … 오직 꼭 필요한 한
에 있어서 우리가 가진 것을 사용할 권리를 주셨기 때문이다.
그리고 재화의 사용이 모든 사람에게 공통적으로 (유익이 되어
야 함이) 그분의 뜻이기 때문이다. 하지만 한 사람이 과다하게
가지고 있고 많은 사람들이 궁핍한 것은 뭔가 잘못된 것이다.[3]

클레멘스는 유대-기독교적 묵시문학의 위협적인 묘사나 후
대 이집트 수도승들의 엄격한 금욕주의적 이상이 아니라, 이성
적이고도 규율적인 절제—"로고스"(요 1:1의 "말씀")를 통해 인도될
수 있으며 궁핍한 이웃에게 몫을 충분하게 나누어주는—를 강
조하며 이와 같은 상류 계층의 낭비에 반대한다. 로고스를 통한
이 교육의 목적은 세상으로의 도피가 아니라 강한 자기-절제로
세상 재물들과 내적인 거리를 유지하면서 그것들을 분별력 있
고 적당하게 사용하며 동시에 기꺼이 내어주는 데에 있다. 부는
무분별한 사람들을 물어 죽음에 이르게 할 수 있는 뱀과 같다.
"로고스에 대한 서약으로 그 동물을 이기고 해를 당하지 않기

---

3.   Paed. 2,119,2-120,5; 참조, Protrept. 122,3.

위해서는, 그것[부]에 대해 내적으로 초연하고 거기에 얽매이지 않으며, 합리적인 방식으로 사용해야 한다"(Paed. 3,35,1). 물론 로고스를 통해 자신의 욕망을 억제할 힘을 가진 사람은 실제로 "저들(즉, 그리스도인들)만이 부유하다"는 사실을 알고 있는 자다. 그들은 자신들의 외적인 상황에 얽매이지 않으면서 "소유자에게 있어서 최고의 것이자 사람들을 진정으로 행복하게 만드는 소유물"을 내어준다(Paed. 3,36,1.12). 모든 것에 있어서 로고스는 모범이자 교사다. 『교사』의 말미에 있는 찬가에서 클레멘스는 로고스를 "영원한 빛/자비의 원천/온전히 고귀한 행위/정숙한 삶을 가진 것/하나님을 찬양하는 것/예수 그리스도"로서 드높인다(Paed. 3,101,3, Z. 36-31).

이렇게 클레멘스에게 있어서 유대 지혜 전승과 스토아의 윤리, 신약의 선포는 알렉산드리아 공동체의 구체적인 상황과 더불어 후대 교회가 나아갈 길을 가리키는 하나의 새로운 합성물이 되었다. 기본적으로 소유 포기에 대한 가능성이 여전이 남아 있었지만, 으레 있어왔던 소유에 대한 급진적-엄격주의적 비판은 완화되었고 내면화되었다. 부가 비판받기는 했지만, 더 이상 완전히 불가능한 것은 아니었다. 오히려 부에 대한 공동체의 의무와 올바른 사용이 강조되었다. 신앙에 따른 내면적 자유는 인색하지 않고 기꺼이 내어줌으로써, 그리고 탐욕과 사치를 포기함으로써 구체적으로 입증되어야 했다.

제11장
카르타고의 키프리아누스:
선행과 자선에 대하여

    서방 라틴어권 교회로부터 유래했으며 클레멘스 작품의 반대편에 서 있는 작품으로서, 우리는 (클레멘스의 작품보다) 50-60년 이후, 곧 253-256년 사이에 저작된 카르타고 주교 키프리아누스의 논고 『선행과 자선에 대하여』를 주목할 수 있다. 키프리아누스는 상류층 가문 출신인데, 아마도 도시의 귀족에 속한 것으로 보인다. 전기 작가 폰티우스의 보도에 따르면 키프리아누스는 이미 세례 받기를 준비하면서부터 "수많은 궁핍한 자들의 생계를 돕기 위하여 자신의 재산을 팔아 거의 모든 수입을 나누어주었다"(Vita 2). 키프리아누스는 자신이 유용할 수 있는 재산을 나누어주고, 교회에 토지를 기증했던 것 같다. 하지만 박해가 가까워지자 기증했던 토지가 로마제국의 공동재산으로 압류되는 것을 막고자 이를 되돌려 받아 자신 개인 내지 가족의 재산으로 환원시켰다.[1] 엄격하게 금욕주의적이면서도 동시에 재산에 주권을 행사하는 이러한 태도는 이 소고 저자의 전형적인 특징인데, 여기에서는 알렉산드리아의 클레멘스와는 대조적으로 구약-유대 전통의 영향 아래에 있는 철학적 사조로 확고하게 회귀하며, 공로 모티프가 매우 분명하게 발전된다. 이 저자의 시선은 최종 심판에 있어서의 마지막 판결에 집중되어 있다(23장과 26장). 희생정신은 이상적인 경쟁 아래서 드러나며, 순교의 자색 면류관—모든 사람이 얻는 것이 아닌—은 모든 사람이 얻게 되는 선행의 흰색 면류관과 대조된다. 앞선 테르툴리아누스와 알렉산드리아의 클레멘스처럼, 키프리아누스도 "시작할 때의 심장이 여전히 위대한 미덕을 실천함으로 증명되고, 경건한 자들의 신앙이 여전히 새로운 믿음의 열기로 타오르고 있을 때", 곧 초기 사도시대의 '사랑-공산주의'를 크게 거부하지는 않았다.

> (초기 기독교인들은 '재산 공유'를 통해) 하나님 아버지의 평등함을 모방했다. 하나님으로부터 온 것은 무엇이나 우리 모두 공동으로 사용하기 위해 존재하기 때문이다(*quodcumque enim Dei est in nostra usurpatione commune est*; 참조 Ambrosius und Cicero. 본서 §

---

1.   참조, Vita 15; H. KRAFT, Die Kirchenväter, Bremen 1966, 362f.

1.2). 또한 어느 누구도 그분이 주시는 혜택과 선물로부터 제외될 수 없으며, 모든 인류는 도리어 동일하게 하나님의 선함과 관대함을 기뻐해야 한다. … 그러므로 기꺼이 내어주어 상호 균등함을 유지하고 평등함을 실천함으로써, 공평의 모범자를 따라 땅에서 자신의 수입과 소득을 형제들과 나누는 소유자는 하나님 아버지를 모방하는 자다.[2]

이미, 바울은 "평등"의 이상(Ideal)을 강조한 바 있다(본서 §5.2). 이제, 키프리아누스는 하나님의 행동을 통해 평등함의 근거를 제시하고 "하나님 모방"을 요구한다. 이 사상—부분적으로는 철학적인 자료로부터, 부분적으로는 성경 자료로부터 공급된—은 4세기의 교부들에게서 중심적인 의미를 갖게 되었다(본서 §9.3-4). 키프리아누스는 클레멘스와 후기 교부들과 마찬가지로 사유재산의 정당성에 대해서는 반박하지 않았는데, 일반적인 사유재산의 오용에 대해서는 신랄하게 비판했다. 그러면서 키프리아누스는 세례를 받았을 때 이미 로마의 풍자시와 자신의 선생 테르툴리아누스를 모방하여 부에 만족할 줄 모르는 아프리카의 대부호들을 묘사했다.

---

2.   De opere et eleemosynis 25; 번역, J. BAER (BKV).

그들은 밭에 밭을 줄지어 놓고, 자신의 지역에서 가난한 이웃들을 쫓아내며, 측량할 수 없고 한없는 농지를 계속 확장시키고, 금과 은을 (보석)함에 가득 채워놓으며, 막대한 액수의 재산을 더미로 쌓아놓거나 (돈)뭉치를 땅에다 묻어놓는다. 또한 그들은 부에 둘러싸여 떨고, 걱정과 불안으로 괴로워하며, 강도가 들지는 않을지, 살인자가 습격하지는 않을지, 더 부자인 누군가가 시기하여 흑심을 품고 소송하지는 않을지 불안해한다. … 평민들에게 아무것도 내어주지 않고, 가난한 자들에게 아무것도 나누어주지 않으며, 저들이 남의 소유를 지키듯 집을 걸어 잠그고 보관하며 두려움과 걱정으로 지키는 것이 있는데, 이를 자신의 돈이라고 부른다. … 그들은 오직 다른 사람들이 소유할 수 없는 것을 얻을 목적 하나로 모든 것을 소유하려든다. 저들은 오로지 악하게만 사용하는 것을 가리켜 '재물'이라고 부른다—이 얼마나 잘못된 이름인가?[3]

재물을 축적하고 자신의 소유에 속한 모든 것들을 갈망하도록 사람들을 유혹하는 근심과 걱정에 관한 이 논의는 키프리아누스가 선행에 관하여 쓴 후대의 작품에서 항상 반복되는 기본 모티프이기도 하다.

---

3. Ad Donatum 12.

그러나 네가 걱정하고 두려워한다. 네가 풍성하게 자선을 베
풀기를 시작하면, 기꺼이 내어주는 후원을 통해 재물이 고갈
되고, 가난에 허덕이게 될 것을 너는 걱정하고 두려워할 것이
다. 이에 대해서 오로지 두려움 없이 지내라. 걱정일랑 하지 말
고 지내라! 그리스도의 필요를 위해 사용되는 것, 곧 하늘의 사
역을 섬기기 위한 것은 고갈될 수 없다. 그리고 내가 이것을 개
인적인 확신으로 보장하는 것이 아니라, 성경에 대한 신뢰와
하나님의 약속에 대한 믿음에 근거하여 네게 약속하고 있는
것이다.[4]

"그리스도를 먹이는 자는 또한 그리스도가 먹일 것이다"라
는 생계에 대한 약속을 믿지 못하고 걱정하는 사람은 예수의 불
의한 청지기 비유를 비웃는 탐욕스러운 바리새인과 같은 자다
(눅 16:1ff., 14).[5] 아이들과 가족들 혹은 후손들을 돌본다는 명분은
내어주는 행위(자선)에 반대할 만한 충분한 근거가 될 수 없다.

하나님의 보호 아래에 있는 **유산**은 안전하다. … 국가는 개인
이 하나님에게 맡긴 재산(유산을 자녀들에게 물려주지 않고 자선에

---

4.   De opere et eleemosynis 9.
5.   De opere et eleemosynis 12.

사용하는 것—역주)을 낚아채거나 국고로 환원시키거나 … 법적
인 횡포로 침범할 수 없다. … 너는 이중으로 범죄를 행한다.
하나는 네가 네 자녀들에게 하나님 아버지의 도우심을 경험하
지 못하게 한 것이며, 또 다른 하나는 네 자녀들에게 그리스도
보다 재산을 더욱 사랑하라고 가르친 것이다.[6]

나중에 대-바실리우스(본서 §1.1)는 사회적 곤경 해결을 위한
재산 사용의 의무를 굉장히 특별히 강조했고 자신의 소유를 이
러한 목적을 위해 내어주었는데, 이어서 유산을 사유재산의 재
분배에 활용하자는 효과적인 생각을 제시한 바 있다. 곧, 피상
속인이나 상속인은 일정 부분—이때 바실리우스는 누가복음
19:8에 의거해 유산의 절반을 이야기했다—을 가난한 사람에게
내어주어야 한다. 엄밀히 해석하자면 '영혼을 위한 몫'이라는
이 개념은 일종의 교회세이자 가난과의 투쟁을 위한 **사회적 세
금**에 해당한다.[7] 또한 우리는 여기의 배경에서 하나님이 모든 재
물의 본래 주인이며 소유자라는 기본 사상을 볼 수 있다.

우리는 결론에 도달했다. 이미 예수의 선포에서 급진적인
방식으로 촉발된 재산 문제에 관한 논의는 초기 기독교 안에서

---

6. De opere et eleemosynis 19; 참조, 10.16-18.

7. W.-D. HAUSCHILD, Christentum und Eigentum. Zum Problem eines
altkirchlichen "sozialismus," ZEE 16 (1972), 34-49 (45).

잠잠하지 않았으며, 더불어 일치되면서도 간편한 해결책을 찾지도 못했다. 재산과 결부된 사회적 요구들로 인해 고대 세계에 새로운 자극—과장하지 않고 혁명적인 것으로 표현될 수 있는—이 되었다. 물론 사랑과 더불어 상호 균등이라 불리는 새로운 사회적 윤리가 전개될 가능성은 기독교 공동체들 곁으로 제한되었다. 국가는 저들의 세력범위 밖에 있었다. 이 윤리의 원천은 한편으로 그리스의 자연철학 사상과 '자족'에 관한 금욕주의적 이상에 있었고, 다른 한편으로는 구약의 예언자적 그리고 유대 지혜문학적 전승에 있었지만, 일선에는 저돌적인 최초기 기독교 메시지 그 자체가 있었다. 또한 최초기 기독교 메시지의 사회비판적인 취지는 역사적으로 불가피 절충이 필요했던 상황에서도 자극제로서 지속적으로 영향을 미쳤다. 통상 이 메시지의 근거가 신-중심적이었던 것은 분명하다. 자연법적 논증 역시도 기독론적으로 규명된 이 '신-중심 사고'로 들어왔고 또한 이 사고를 통해 변화되었다. 곧, 그리스도의 사역을 통해 드러난 하나님의 선하심은 아낌없이 선을 행하며, 사회적인 제한들을 깨뜨리고, 정의로운 균등함을 위해 애쓰는 신자들을 자유하게 한다.

유대교에서 넘겨받아 무엇보다도 헤르마스와 테르툴리아누스, 혹은 키프리아누스에게서 강조되었던 공로사상이 신학적으로 역행하는 것처럼 보일 수도 있겠지만, 구체적인 사회적·인류애적 태도에 대한 강한 동기를 부여한 것도 분명 이것이었다. 우리의 비판이 저 지점을 향하더라도 우리는 이들 요구의 진지함을 간과해서는 안 된다. 교부들은—몇몇 현대의 인류학에서와는 달리—유토피아적-이상적 인간상을 가지고 있지 않았다. 저들은 인간이 타락한 피조물로서 본성적으로 이기적이며 죄인이라는 사실을 알았다.

분명 오늘날과 초기 기독교 사이에는 많은 부분에 있어서 거대한 간극이 존재한다. 그렇지만 바로 그러한 이유로 우리는 위기로 흔들리는 우리의 시대를 위해 영적·사회적인 삶을 풍성하게 만들기 위해 (오늘날과 초기 기독교 사이의) 가교들을 발견하도록 노력해야 한다.

제12장
열 가지 결론 사항

나는 그러한 가교가 될 수 있는 것을 열 가지 사항으로 정리하고자 한다.

1. 우리는 신약성경으로부터든, 초기 기독교 역사로부터든 '재산에 관한 기독교의 가르침'을 선명하게 도출해낼 수 없다. 최근까지도 이러한 것들을 제시할 수 있다는 입장들은 사실 기독교의 독특함보다도 오히려 자연법을 입고 있다. 고대 교회에서 자연법 이론의 기미가 나타난다면, 이는 통상 그리스-로마의 철학적 논의들―급진적 비판을 목적으로 하든, 재산을 상대적으로 정당화하려고 하든―을 빌려온 것이다. 물론 자연법 이론은 성경의 창조교리와 밀접하게 연관되어 있었다.

2. 반면 최초기 기독교는 하나님 나라가 곧 도래할 것이라는 종말론적 징조 아래, 부를 급진적으로 비판했고, 이 세상 재물로부터 거리를 두라고 요구했으며, 또한 사랑의 공동체성을 통

하여 빈부를 극복하려는 입장에 서 있었다. 이를 통해 "불의한 재물"은 힘을 잃게 된다. 이 자극은 이어지는 초기 기독교 공동체 안에서 재산의 불의함과 한계 및 상대적인 필요성에 대한 긴장감 넘치는 논의를 이끌었다.

3. 최초기 기독교의 다양한 진술들은 다양한 상황에 근거하고 있기에 우리의 산업사회와 오늘날 우리에게 매우 위협적인 소유문제에는 오로지 제한적으로만 적용될 수 있다. 우리의 사회는, 한편으로는 생산하는 자본이 계속적으로 축적되고 상대적으로 적은 사람들의 손—국가를 포함하여—에 경제력이 집중되는 것을 통해, 또 다른 한편으로는 이제까지 재산과 연관된 관리·보장 기능이 걷잡을 수 없이 공공단체나 국가로 흘러들어가는 것을 통해, 두드러지게 나타난다. 우리는 다양하고도 대립적으로 보이는 사회체계들과 관계없이 경제적인 처분능력이 소수의 '담당자들'이나 엘리트층의 손에 집중되어 있음을 보고 있다.

4. 반대로 초기의 그리스도인들에게 있어서 재산의 문제는 개인윤리의 문제거나 제한된 소수 집단의 문제였다. 저들의 윤리는 "사랑을 통해 효력을 나타내는 믿음"(갈 5:6)으로 태동한 신의 통치에 의한 공동체 윤리였다. 더 좋은 사회적 법안이 국가에 의해 발의되는 것은 그리스도인들에게 달려 있는 문제라기보다 국가의 막대한 경제 권력에 제한되어 있던 것이었다. 명목

상 신의 뜻이라는 이상을 정치권력을 통해 국가의 영역에 부여하려는 '신정통치'(Theokratie)란 기독교의 특유한 것이라기보다 '이성'의 독재를 통해 정당화하려는 전체주의적인 '철학국가'에도 나타나는 것이다.

5. 따라서 초기 기독교의 윤리는 오늘날의 사회에 일반적으로 적용될 수 있는 규범 체계를 우리에게 제공하지도, 제공할 수도 없다. 그렇더라도 우리는 거기에서, 특히 우리가 기독교 밖 고대 세계에서 부분적으로 유사한 사상을 발견할 수 있듯이, 기독교의 경계를 넘어 오늘날에도 동의할 만한 분명한 통찰을 얻을 수 있다. 예컨대, 재산은 특정 조건 아래에서 인간을 타락하게 하고 위험하게 하며, 바로 그렇기 때문에 재산이 권력을 잘못 사용하도록 유혹할 수 있다는 것이다. 또한 바로 그렇기 때문에 공적인 통제력을 통해 권력의 오용을 막아야 하며, 권력자는 권력을 사용함에 있어 의무적으로 이웃들의 안녕을 위해야 하고, 한 인간의 존엄과 가치는 결단코 재산 모으는 능력에 달려있지 않다는 것도 배울 수 있겠다. 낭비와 가난이 흔히 공존하는 이 세상에서 소비를 거부하고 사치를 포기하려는 마음 역시 기독교 전통으로부터 동기부여 받을 수 있는 것들이다.

6. 이러한 식의 원칙들은 개인 내지 집단의 윤리적인 태도에 실질적인 자극을 줄 수 있으며, 명석한 사람들 역시 이것의 정당함을 기꺼이 인정한다. 그렇지만 사회 전반에 있어서 이에

따른 사회윤리적인 효과는 오늘날 당면한 문제들을 해결하기에는 충분하지 않다. 독일의 헌법 14조 2항—"재산에는 의무가 부여된다. 재산의 사용은 공공의 선에도 기여해야 한다"—은 국민들의 실천으로 증명된 규범이라기보다, 오히려 하나의 바람을 표현한 것이다. 독일연방공화국에서는 (10년 전에야 비로소 나아지기는 했지만) 여전히 자선 제도가 부족하고, 탈세도 부분적으로는 경미한 범죄로 여겨지며, 노동자들의 손에 맡겨진 생산능력은 발전 속도가 현저히 더디고, 공적인 명성은 재산과 광범위하게 결부되어 있다. 일방적으로 소비와 재산증식만을 향하고 있는 이 기주의적인 사리(私利)는 교육정책과 환경보호, 풍요로운 사회 변두리에서 비참하게 살아가는 자들과 더불어 제3세계의 문제들을 위한 사회제도 개선, 그리고 거기에서 줄어들지 않고 도리어 늘어나고 있는 가난과 관련한 공동체의 다급한 과제를 막는다. 이 '이기주의적인 사리'는 단지 개인에게서 뿐 아니라 그룹과 연합체, 당파, 노동조합, 국가에게서도 나타난다. 이 '힘이 미치는 영역'으로부터 개인은 결코 벗어날 수 없다.

7. 여기에서 우리는 이미 부분적으로, 다른 형태이기는 하나 초기 기독교의 논쟁 속에서 직면했던 하나의 난제를 보게 된다. 재산과 관련한 위기는 인간의 위기—자신의 소유로 자기를 주장하려 하면서 자비를 베풀지 못하는 인간의 위기—다. 여기에서 교부들이 원죄라고 지칭한 것이 분명하게 나타난다. 이는 오

늘날에는 한물갔지만 매우 현실적인 것이다.

8. 인간의 이기심에 대한 이해는 바로 그리스도인들로 하여금, 경우에 따라 강압적인 행동을 통해 인도될 수밖에 없는 완전한 사회의 가능성에 대한, 그리고 정치적으로 '옳다고 인정된 행위'의 무오함에 대한, '자유의 나라' 이상 실현에 대한 무비판적-유토피아적 믿음을 버리게 한다. 이것들이 목적하는 바는 모든 개인들의 균등함이며, 목표하는 바는 '인간에 대한 인간의 지배'가 없는 세상이다. 그러한 '균등함'은 오로지 완전한 통제와 극단적인 강압에 의해서만 가능하며, 이는 곤충들의 나라—거의 모든 철학적 이상국가와 같은—와 근접한 곳으로 이끈다. 더하여, 여전히 억압적인 통치 계급들이 옛 통치 구조들의 위치를 통상 이어받는다. 인간들은 재능과 소질에 있어서도, 또한 바람과 필요에 있어서도 모두 다르다. 따라서 균등함은 무엇보다도 '기회'와 권리와 인간의 기본적인 필요 충족에 있어서의 실제적인 균등으로 이해되어야 한다. 이러한 균등함은 오늘날 분명 많은 민주주의적이며 자유를 위한 사회 법치국가에서 발전되고 있지만, 세계의 다른 곳들에서는 이러한 균등의 실현이 아직 소원하다. 그 목적은 각각의 개인에게 저마다의 능력과 바람에 따라 (개인의) 안녕을 위해, 그리고 전체 사회에 대한 책임 안에서 개인의 발전을 보장하는 것이다. 자유와 균등 사이의 과거 대립은 오로지 절충안을 통하지 않고서는 '해결'될 수 없다.

9. 인간들의 이기심에 대한 이 지식이 현존하는 사회적인 상태를 확정하고 단념하는 데로 이끌어서는 안 된다. 집단으로서의 인간과 마찬가지로 개인으로서의 인간은 '끝이 없는' 이기주의와 연루되어 있기에, 더 나은 상태를 향하여 지속적으로 개혁하고 발전하려는 마음이 우리에게 필요하다. 에버하르트 융엘(Eberhard Jüngel)은 이른바 역사에 있어서의 '발전'을 "일종의 끊임없는 불행이 감소하는 측면에서 발전"하는[1] 것이라고 정의한 바 있다. 이는 소유 문제에도 적용된다. 땅과 토양, 깨끗한 공기와 물, 에너지와 자원은 더 이상 원하는 대로 '생산'될 수 없고, 이로써 모든 산업은 성장에 있어서 한계를 가질 수밖에 없기에 특별한 방식의 새로운 해결책이 모색되어야 한다. 물론 우리가 이를 위해 새로운 이원론적인 사회이론을 필요로 하는 것은 아니다. 오히려 우리가 필요한 것은 절충이 요구되는 상황에 놓여 있는 사회적·경제적인 현실을 직시하려는 각오다. 특히 이러한 식의 '발전적인' 절충에는 '소외된 사람들'과 사회 전체의 안녕을 위해 개인과 집단의 일방적인 '권리'나 '특권'을 제한할 필요가 있다는 것이 포함된다.

10. 마지막으로 신앙의 예로서 우리는 공동체성을 파괴하는 가난과 부 및 자유와 속박 사이의 긴장을 해소하고 대립을 해결

---

1.   E. JÜNGEL, Unterwegs zur Sache, München 1972, 272.

하려는 초기 기독교 공동체의 노력에 주목할 필요가 있다. 이 노력은 우리의 눈에 비현실적일 수 있는 최초기 공동체의 '사랑-공산주의'와 후대 교회의 효과적인—하지만 동시에 언제나 위험한—절충안 사이에서 움직인다. 이 균등함의 추구는 외부의 재화에 대한 유익한 거리를 창출하였고, 동시에 지위와 계급의 한계를 무너뜨렸다. 오늘날에도 교회는 다시 모범적인 장소가 되어, 불신과 옛 편견들을 극복하고 믿음과 사랑과 소망에 근거하여 새로운 삶/공동체의 모습을 창조할 수 있을 것이다. 더 나아가 그리스도인으로서, 또한 국가에 속한 시민으로서 우리의 과제는 바로, 자신을 희생할 각오를 다지고, 더불어 사회적인 한계들을 철폐할 수 있도록 더욱 나은 법률을 제정하는 데에 힘을 쏟아, 소수가 권리를 되찾도록 돕고, 권력을 마음대로 행사하는 복합체들을 더욱 나은 민주주의의 통제 하에 두어, 이로써 재산의 '마력'(Dämonie)을 '무력화'하는 것이리라!

제1장 교부들의 재산 비판과 고대 자연법, 이상세계

교리사와 관련한 문헌들에서는 재산이나 고대 교회의 사회적 과업에 관한 문제를 비교적 적게 다루고 있다. 이 사실은 지난 십 수세기 동안의 개신교 교부신학 연구가 한쪽에 치우쳤다는 것을 보여준다. 약간 부족하나마 개괄적인 문헌들을 제시하는 곳은, W.-D. HAUSCHILD, Christentum und Eigentum. Zum Problem eines altkirchlichen "Sozialismus", Zeitschrift für Evangelische Ethik 16 (1972), 34-49 (34 Anm. 2). 가톨릭의 몇몇 오래된 연구들은 물론 변증적인 성경이 강하게 나타나긴 하지만 주요한 자료가 된다. I. SEIPEL, Die wirtschaftsethischen Lehren der Kirchenväter (Theologische Studien der Leo-Gesellschaft 18), Wien 1907 (Nachdruck Graz 1972); O. SCHILLING, Reichtum und Eigentum in der altkirchlichen Literatur, Diss. Tübingen/Freiburg 1908; DERS., Der Kollektivismus der Kirchenväter, Theologische Quartalschrift 114 (1933), 481-92; A. BIGELMAIR, Zur Frage des Sozialismus und Kommunismus der ersten drei Jahrhunderte, in: Beiträge zur Geschichte des christlichen Altertums und der byzantinischen Literatur. Festgabe Adolf Ehrhard zum 60. Geburtstag, hg.

v. A. M. Koeniger, Bonn 1922, 74-93. 스위스의 마르크스주의자 콘라트 파르너의 소논문은 완고하면서도 풍부한 자료를 제공한다: KONRAD FARNER, Christentum und Eigentum bis Thomas von Aquin, Bern 1947 (abgedruckt in: DERS., Theologie des Kommunismus, Frankfurt 1969, 9-90 [거기에는 상세한 해설이 빠져 있다]). 특별히 대-바실리우스에게 헌정한 S. GIET의 상세한 연구는, S. GIET, Les Idées et l'Action sociale de Saint Basile, Paris 1941, 84ff. 96ff. 400ff. HAUSCHILD의 작품에 언급된 문헌들을 보충하자면 다음의 작품들이 더 언급될 수 있다: J. LEIPOLDT, Der soziale Gedanke in der altchristlichen Kirche, Leipzig 1950 (Nachdruck 1972); K. BEYSCHLAG, Christentum und Veränderung in der alten Kirche, Kerygma und Dogma 18 (1972), 26-55, besonders 35ff.; H. DIESSNER, Studien zur Gesellschaftslehre und sozialen Haltung Augustins, Halle 1954; P. CHRISTOPHE, L'usage Chn.!tien du droit de Propriété dans l'Écriture et la Tradition Patristique, Paris 1963.

고대 기독교의 자선활동과 초기 기독교의 사회사에 대해서 여전히 필수적인 작품은, G. UHLHORN, Die christliche Liebesthätigkeit, Bd. I: In der alten Kirche, Stuttgart 1882 (mit Quellennachweisen) und DERS., Die christliche Liebestätigkeit, Stuttgart [2]1895 (Nachdruck Neukirchen 1959, ohne Quellennachweise); 더

나아가, A. v. Harnack, Die Mission und Ausbreitung des Christen-
tums, 2 Bde., Leipzig [2]1924; E. TROELTSCH, Die Soziallehren
der christlichen Kirchen und Gruppen (1912). Gesammelte Schriften
I, Tübingen 1922 (Nachdruck 1961). C. SCHNEIDER, Geistesges-
chichte des antiken Christentums, München 1954, Bd. I, 504ff.
517ff.; W. SCHWER, Art. Armenpflege, Reallexikon ftlr Antike
und Christentum 1 (1950), 689ff. 초기 기독교의 사회사를 정리하
는 것은 긴급한 숙원 사업이다. 매우 간략한 서론은, E. A.
JUDGE, I Christliche Gruppen in nichtchristlicher Gesellschaft. Die
Sozialstruktur christlicher Gruppen im I. Jahrhundert, Wuppertal
1964. 또한 중요한 연구인, H. Gülzow, Soziale Gegebenheiten der
altkirchlichen Mission, in: Kirchengeschichte als Missionsges-
chichte, hg. v. H. Frohnes, Bd. I, München 1973, 189-226.

고대 그리스-로마의 사회적 문제에 대해서는 오래되었지만
언제나 필수적으로 등장하는 표준적인 작품, R. v. PÖHLMANN,
Geschichte der sozialen Frage und des Sozialismus in der antiken
Welt, durchgesehen und um einen Anhang vermehrt von F. Oertel,
2 Bde., München [3]1925. Bd. 11, 464ff. 역시 초기 교회를 다룬다.
이에 대한 비판적인 비교를 위해서는 비평판, J. v. HASE-
BROEK, Gnomon 3 (1927), 257-266; 더 나아가, H. BOLKE-
STEIN, Wohltätigkeit und Armenpflege im vorchristlichen Alter-

tum, Utrecht 1939 (Nachdruck Groningen 1967); J. GAGÉ, Les
Classes sociales dans l'Empire Romain, Paris 1964; A. R. HANDS,
Charities and social aid in Greece and Rome, Ithaca (N. Y.) 1968.
여기에서는 아쉽게도 헬레니즘 시대와 고대 후기 시대를 너무
짧게 논하고 있으며, 기독교의 영향을 단지 주변적인 것으로 다
룬다; N. BROCKMEYER, Sozialgeschichte der Antike (Ur-
ban-Taschenbücher 153), Stuttgart 1972. ROSTOVTZEFF의 두 권
의 표준서는 전체적인 경제·문화적 배경에 대한 기본적인 작품
이다. M. ROSTOVTZEFF, Gesellschafts- und Wirtschaftsges-
chichte der hellenistischen Welt, 3 Bde., Darmstadt 1955 und The
Social and Economic History of the Roman Empire, 2 Bde., 2nd ed.
von P. M. Fraser, Oxford 1957.

고대의 유토피아에 대해서는 R. v. PÖHLMANN, Geschichte
der sozialen Frage (s.o.)와 다음의 작품들을 비교해보라. E.
SAUN, Platon und die griechische Utopie, München/Leipzig 1921;
E. NESTLE, Vom Mythos zum Logos, Stuttgart ^{2}1942 (Nachdruck
1966), 462ff.; H. BRAUNERT, Utopia. Antworten griechischen
Denkens auf die Herausforderung durch soziale Verhältnisse
(Veröffentlichungen der schleswig-holsteinischen Universitäts-
gesellschaft N. F. 51), Kiel 1969. 현재 기본적인 연구로는, B.
GATZ, Weltalter, goldene Zeit und sinnverwandte Vorstellungen,

Hildesheim 1967; 특별히 노예 문제에 대해서는 다음을 보라: J. VOGT, Sklaverei und Humanität, Wiesbaden ²1972, bes. 20ff. und 131ff.; C. DESPOTOPOULOS, La "Cité Parfaite" de Platon et l'Esclavage, Revue des Études Grecques 83 (1970), 26-37.

제2장 구약과 유대교 내에서 부와 재산

구약에 나타난 사회 질서에 대해서는, N. PETERS, Die soziale Fürsorge im Alten Testament, Paderborn 1936; F. HORST, Das Eigentum nach dem Alten Testament (1949), in: DERS., Gottes Recht (ThB 12), München 1961, 203-221; H. DONNER, Die soziale Botschaft der Propheten im Lichte der Gesellschaftsordnung in Israel, Oriens Antiquus 2 (1963), 229-245; R. DE VAUX, Das Alte Testament und seine Lebensordnungen, Bd. I, Freiburg/ Basel/Wien ²1964, 111ff. 132ff. 230ff.; H. H. SCHMID, Gerechtigkeit als Weltordnung, Tübingen 1968; W. ZIMMERLI, Der Mensch und seine Hoffnung im Alten Testament, Göttingen 1968; M. FENDLER, Zur Sozialkritik des Amos, EvTh 33 (1973), 32-53.

유대교에 대해서는, E. BAMMEL, Art. πτωχός, ThWNT VI (1959), 894ff.: M. HENGEL, Judentum und Hellenismus (WUNT 10), Tübingen ³1988, 8-107. 241ff. 319ff.; DERS., Die Zeloten (AGSU I), Leiden 1961 ²1976; A. SCHALIT, König Herodes

(Studia Judaica 4), Berlin 1969, 256ff. 483ff.; H. KREISSIG, Die sozialen Zusammenhänge des judäischen Krieges (Schriften zur Geschichte und Kultur der Antike I), Berlin 1970.

엣세네파와 고대 시대의 공유재산에 대해서는, W. BAUER, Art. Essener, Pauly-Wissowa Suppl. IV (1924), 386-430 = DERS., Aufsätze und kleine Schriften, Tübingen 1967, 1-59 (besonders 19f. 33ff.); M. HENGEL, Judentum und Hellenismus (s.o.), 445ff.

예수 시대의 사회적 상황에 대해서는, E. LOHMEYER, Soziale Fragen im Urchristentum, Leipzig 1921 (Nachdruck Darmstadt 1973); J. JEREMIAS, Jerusalem zur Zeit Jesu, Göttingen [3]1962; M. HENGEL, Das Gleichnis von den Weingärtnern Me. 12,1-12 im Lichte der Zenonpapyri und der rabbinischen Gleichnisse, ZNW 59 (1968), 1-39 = DERS., Jesus und die Evangelien. Kleine Schriften V (WUNT 211), Tübingen 2007, 139- 176; DERS., Gewalt und Gewaltlosigkeit. Zur politischen Theologie in neutestamentlicher Zeit (CwH 118), Stuttgart 1971 = ebd., 245-288; M. ROSTOVTZEFF, The Social and Economic History of the Roman Empire, Bd. I, Oxford [2]1957, 261-273.

랍비 유대교에 대해서는 H. STRACK/P. BILLERBECK, Kommentar zum Neuen Testament aus Talmud und Midrasch, Bd. I, München 1922, 817-828; Bd. IV, München 1928, 536-610 (zitiert

BILL.).

제3장 예수의 선포

예수(와 신약): E. LOIIMEYER, Soziale Fragen im Urchristen-
tum, Leipzig 1921, 63ff.; W. G. KÜMMEL, Der Begriff des Eigen-
tums im Neuen Testament, in: DERS., Heilsgeschehen und Ges-
chichte. Gesammelte Aufsätze 1933-1964 (Marburger theologische
Studien 3), Marburg 1965, 271-277; H.-J. DEGENHARDT, Lukas,
Evangelist der Armen. Besitz und Besitzverzicht in den lukanischen
Schriften, Stuttgart 1965; M. HENGEL, War Jesus Revolutionär?
(CwH 110), Stuttgart 1970 = DERS., Jesus und die Evangelien,
Tübingen 2007, 217-244; J. JEREMIAS, Neutestamentliche Theol-
ogie, Erster Teil: Die Verkündigung Jesu, Gütersloh 1971, 213ff.; G.
BREIDENSTEIN, Das Eigentum und seine Verteilung, Stuttgart/
Berlin 1968, 288ff. (Lit.).

제4장 초대교회의 '사랑-공산주의'

초대교회: 행 2:22-23과 4:32에 대한 헬레니즘적인 작품은
E. PLÜMACHER, Lukas als hellenistischer Schrifisteller (SUNT 9),
Göttingen 1972, 17ff.; K. LAKE, The Communism of Acts 11. and
IV.-VI. and thee Appointment of the Seven, in: F. J. Foakes Jack-

son/Kirsopp Lake, The Beginnings of Christianity, Bd. I, London 1932 (Nachdruck Grand Rapids [Mich.] 1966). 140-151; E. HAENCHEN, Die Apostelgeschichte (KEK), Göttingen S1965, 187-192; H. CONZELMANN, Die Apostelgeschichte (HNT 7), Tübingen 1963, 31.38f.; E. BLOCH, Das Prinzip Hoffnung. Bd. 111, Frankfurt 1959, 1482-1493; vgl. auch J. LEIPOLDT, Der soziale Gedanke in der altchristlichen Kirche, Leipzig 1950, 107ff.; E. LOHMEYER, Soziale Fragen im Urchristentum, Leipzig 1921, 79ff.

제5장 바울과 이방 기독교의 선교공동체

바울: W. G. KÜMMEL, Der Begriff des Eigentums im Neuen Testament, in: DERS., Heilsgeschehen und Geschichte, Marburg 1965, 271-277; W. SCHRAGE, Die konkreten Einzelgebote in der paulinischen Paränese. Gütersloh 1961; DERS., Die Stellung zur Welt bei Paulus, Epiktet und in der Apokalyptik. Ein Beitrag zu I. Kor. 7,29-31, ZThK 61 (1964), 125-154; D. GEORGI, Die Geschichte der Kollekte des Paulus für Jerusalem (Theologische Forschung 38), Hamburg-Bergstedt 1965. O. MERK, Handeln aus Glauben (Marburger theologische Studien 5), Marburg 1968.

초기 기독교의 노예문제: F. BOMER, Untersuchungen Uber

die Religion der Sklaven in Griechenland und Rom, 4 Teile
(Abhandlungen der Akademie der Wissenschaften und der Literatur
in Mainz. Geistes- und Sozialwissenschaftliche Klasse 1957/7,
1960/4, 1961/4, 1963/10), Wiesbaden ²1981. H. Gülzow, Chris-
tentum und Sklaverei in den ersten drei Jahrhunderten, Bonn 1969; J.
VOGT, Sklaverei und Humanität. Studien zur antiken Sklaverei und
ihrer Erforschung (Historia-Einzelschriften 8), Wiesbaden ²1972.

제6장 초기 기독교 공동체 윤리 안에서의 재산 문제 해결 시도

일과 직업 및 사회복지제도에 대해서는, A. v. Harnack, Die
Mission und Ausbreitung des Christentums, Leipzig ⁴1924, Bd. I,
170-220; J. LEIPOLDT, Der soziale Gedanke in der altchristlichen
Kirche, Leipzig 1950, 161ff. C. SCHNEIDER, Geistesgeschichte
des antiken Christentums, Bd. I, München 1954, 693ff.; H. HOLZ-
APFEL, Die sittliche Wertung der körperlichen Arbeit im christli-
chen Altertum, Würzburg 1941.

제7장 묵시적 기독교와 그 전통의 재산에 대한 비판

금욕주의적 재산 거부에 대해서는, H. v. CAMPENHAU-
SEN, Die Askese im Urchristentum, Tübingen 1949 = DERS., Tra-
dition und Leben, Tübingen 1960, 114-156; G. KRETSCHMAR,

Ein Beitrag zur Frage nach dem Ursprung der frühchristlichen Askese, ZThK 61 (1964), 27-67; P. NAGEL, Die Motivierung der Askese und der Ursprung des Mönchtums (TU 95), Berlin 1966; F. V. LILIENFELD, Basilius der Große und die Mönchsväter der Wüste, Zeitschrift der Deutschen Morgenländischen Gesellschaft. Suppl. 1,2 (1969), 418-431. 고대 수도원과 엄격한 금욕주의에 대한 통상적인 묘사: J. LACARRIÈRE, Die Gott-Trunkenen, Wiesbaden 1967 (Paris 1961).

제8장 자족에 대한 대중철학적 이상

'자족'에 대해서는: P. WILPERT, Art. Autarkie, Reallexikon für Antike und Christentum I (1950), 1039-1050. Vgl. R. NICKEL, Hermes 100 (1972),42-47. 신과 같이 되는 것의 이상(Ideal): H. MERKI, ΟΜΟΙΩΣΙΣ ΘΕΩ: Von der platonischen Angleichung an Gott zur Gottähnlichkeit bei Gregor von Nyssa (Paradosis 7), Freiburg (Schweiz) 1952.

상류 계급의 기독교 유입: A. v. Harnack, Die Mission und Ausbreitung des Christentums, Leipzig [4]1924, Bd. 11, 559ff.; W. ECK, Das Eindringen des Christentums in den Senatorenstand, Chiron 1 (1971), 381-406.

하나님 모방: A. HEITMANN, Imitatio Dei, Rom 1940.

베드로행전: E. HENNECKE/W. SCHNEEMELCHER, Neu-
testamentliche Apokryphen, Bd. II: Apostolisches, Apokalypsen
und Verwandtes, Tübingen ³1964, 177-221.

제9장 절충안: 효과적인 균등함 추구

마르키온: A. v. Harnack, Marcion. Das Evangelium vom frem-
den Gott. Eine Mono- graphie zur Geschichte der Grundlegung der
katholischen Kirche, Leipzig ²1924 (Nach- druck Darmstadt 1960).

제10장 알렉산드리아의 클레멘스: 어떤 부자가 구원될 수 있는가?

알렉산드리아의 클레멘스: H. v. CAMPENHAUSEN, Die griech-
ischen Kirchenväter (Urban-Taschenbuch 14), Stuttgart ⁶1981, 32-
42; H. KRAFT, Die Kirchenväter, Bremen 1966, 136-165; H.
LIETZMANN, Geschichte der alten Kirche, Bd. 11, Berlin ³1961,
283- 305.

제11장 카르타고의 키프리아누스: 선행과 자선에 대하여

키프리아누스: H. v. CAMPENHAUSEN, Die lateinischen
Kirchenväter (Urban-Taschenbuch 50), Stuttgart ⁷1995, 37-56; H.
KRAFT, Die Kirchenväter, Bremen 1966, 359-436. H. LIETZ-
MANN, Geschichte der alten Kirche, Bd. II, Berlin ³1961, 228-243.

1. Verbrugge, Verlyn and Keith R. Krell, *Paul and Money: Biblical and Theological Analysis of the Apostle's Teachings and Practices*. Grand Rapids, MI: Zondervan, 2015.

　사도행전과 바울서신 및 제2바울계 서신들을 가지고 바울의 경제관에 대해 성경신학적으로 다룬다.

2. Brookins, Timothy A. *Corinthian Wisdom, Stoic Philosophy, and the Ancient Economy*, Society for New Testament Studies Monograph Series 159. New York: Cambridge University Press, 2014.

　Brookins는 고린도전서에 나타난 "지혜"와 "지혜로운" 사람에 대한 언급을 통해, 고린도교회를 스토아주의 배경 위에 있음을 피력한다. 더 나아가 초기 고린도교회 구성원들이 스토아에 대한 교육을 받았음을 주장하면서, 이를 고린도의 철학적, 수사학적, '사회경제적' 양상과 관련짓는다.

3. Thistlethwaite, Susan Brooks. *#Occupy the Bible: What Jesus Re-*

---

1. 비교적 최근에 나온 '경제' 관련 기독교 도서들은 Thomas R. Blanton IV, "Economics and Early Christianity," *Religious Studies Review*, 43/2 (June, 2017): 93-100에 잘 정리되어 있습니다. 독자들을 위하여, 이 자료를 바탕으로 서지정보와 핵심 내용을 발췌하면서, 한두 줄로 요약하여 제시했습니다. 이 리뷰 아티클은 https://www.researchgate.net/publication/318091603에서 다운받으실 수 있습니다.

ally Said (and Did) about Money and Power. New York: Astor + Blue, 2012.

"예수가 돈과 권력에 대해 진짜 말했던 (그리고 행했던) 것"이라는 제목 자체가 책 내용을 잘 보여준다. 복음서에 나타난 예수의 말씀과 행동, 예컨대 산상수훈, 광야에서의 시험, 성전의 환전상에 대한 분노, 달란트 비유 등을 통해 희생적인 제자도의 모습을 그리고, 이와 같은 경제 정의를 실현하는 공동체를 창조하도록 독려한다. 하지만 1세기 유대 지역의 경제 체제와 21세기 미국의 경제 체제 사이의 간극을 충분히 고려하지 않았다는 평가를 받기도 한다.

3.   Oakman, Douglas E. *Jesus, Debt, and the Lord's Prayer.* Eugene, OR: Cascade, 2014.

이 책은 21세기, 미국의 경제가 성장했음에도 불구하고, 경제 불균형이 심화된 것에 대한 우려—Thistlethwaite처럼—에서 시작한다. Oakman은 예수의 경제학이 이 탐욕적인 자본주의 시대에 경제의 목적을 재정의하는 데에 도움을 줄 수 있다고 제안한다. 다양한 배경문헌들에 나타난 '빚'에 관한 상황을 1세기 유대의 상황과 비교하면서 주기도문에 나타난 '빚 용서' 신학을 중심으로 공관복음에 나타난 '빚' 주제를 통찰력 있게 다룬다.

4.   Fiensy, David A. *Christian Origins and the Ancient Economy.* Eugene, OR: Cascade Books, 2014: 이 책은 어떤 면에서 Oakman의 책과 반대로 흐른다('예수 시대의 배경에 채무 상황이 대거 등장한다는 것'에 반대하기도 하고, 주기도문의 '빚 용서'가 메타포적으로 해석될 수 있음을 제안하기도 한다). Fiensy는 고대 갈릴리의 경제 상황을 이해할 수 있는 모델을 소개하며, 당시의 부와 가난에 대해 논하고, 예루살렘

교회의 사회경제에 대하여 다룬다.

5. Fiensy, David A. & Ralph K. Hawkins (Eds.) *The Galilean Economy in the Time of Jesus*. Early Christianity and Its Literature 11. Atlanta: SBL Press, 2013.

1세기 갈릴리의 경제 상황에 대하여 다루는 다섯 개의 아티클로 구성되어 있다. 기고자들마다 고고학적 증거, 사회과학적 증거, 신약/제2성전기 본문 분석 등의 서로 다른 접근 방식을 사용하여, 1세기의 갈릴리가 얼마나 번영했는지에 대해 다룬다.

6. Eubank, Nathan. *Wages of Cross-Bearing and Debt of Sin: The Economy of Heaven in Matthew's Gospel*, Beihefte zur Zeitschrift für die neutestamentliche Wissenschaft 196. Berlin: De Gruyter, 2013.

BZNW에 출판된 Eubank의 박사학위 논문이다. 초기 유대교/기독교 문헌에서 죄를 하나님에 대해 빚진 것으로 묘사된다는 점에 착안하여, '빚'과 '빚 갚음'개념을 죄에 대한 메타포로 분석해나간다. 이 연구는 초기 기독교의 경제 이슈에 중요한 공헌을 한 것으로 평가된다.

7. Last, Richard. *The Pauline Church and the Corinthian Ekklesia: Greco-Roman Associations in Comparative Context*, Society for New Testament Studies Monograph Series 164. Cambridge: Cambridge University Press, 2016.

Last는 고린도교회에 대하여 집중적으로 다룬다. 이때 고린도의 '에클레시아'라는 것이 그리스-로마의 조합/연대 형태였다고 주장하면서, 그 경제 활동에 있어서의 특징들을 이끌어낸다.

8.   Ogereau, Julien. *Paul's Koinonia with the Philippians*, Wissen-
schaftliche Untersuchungen zum Neuen Testament II/377. Tübingen:
Mohr Siebeck, 2014.

Ogereau의 학위논문이 개정되어 WUNT에서 출간된 것이다. 빌립
보 교회가 바울의 선교여행 재정을 공급했다는 점에 착안하여, 빌립보
교회와 바울 사이의 '주고 받는 관계'를 그리스-로마 관습의 사회적인
호혜적인 선물 교환 관습에 비추어 조명한다. 이때 수많은 파피루스
문헌들과 비문을 증거로 사용한다.

9.   Rhee, Helen. *Loving the Poor, Saving the Rich, Wealth, Poverty,
and Early Christian Formation*. Grand Rapids, MI: Baker Academic,
2012.

초기 기독교가 부와 재산을 축적하게 되었을 때, 곧 3-4세기에 주
목한다. Rhee는 '민주적 자본주의에 의한 부 창출의 긍정적 기여'를 인
정하면서 동시에, 물질주의를 극복하기 위한 대안으로 '포기'와 '단순
한 삶'을, 경제적 불균형을 극복하기 위한 수단으로 "십일조"와 "후원"
을 언급한다.

10. Leshem, Dotan. *The Origins of Neoliberalism: Modeling the Econ-
omy from Jesus to Foucault*. New York: Columbia University Press,
2016.

신자유주의 경제사상의 계보를 정리했던 조르조 아감벤과 한나
아렌트의 작업을 비판하고 확장하려는 시도를 담고 있다. Leshem은
또한 닛사의 그레고리우스와 크리소스토무스의 신학을 언급하면서 푸
코를 비판하고 보충한다.